# LA CONSCIENCE POLITIQUE

## DU MÊME AUTEUR

*Mon corps, ce désir, cette loi. Réflexions sur la politique de la sexualité*, Fayard, 2021.

*L'Art impossible*, PUF, 2020.

*Sortir de notre impuissance politique*, Fayard, 2020.

*Le Combat Adama*, avec Assa Traoré, Stock, 2019 ; Le Livre de poche, 2020.

*Penser dans un monde mauvais*, PUF, 2017.

*Juger. L'État pénal face à la sociologie*, Fayard, 2016 ; Pluriel, 2018.

*L'Art de la révolte. Snowden, Assange, Manning*, Fayard, 2015 ; Pluriel, 2019.

*La Dernière Leçon de Michel Foucault. Sur le néolibéralisme, la théorie et la politique*, Fayard, 2012.

*Sur la science des œuvres. Questions à Pierre Bourdieu (et à quelques autres)*, Cartouche, 2011.

*Logique de la création. Sur l'Université, la vie intellectuelle et les conditions de l'innovation*, Fayard, 2011.

*L'Empire de l'université. Sur Bourdieu, les intellectuels et le journalisme*, Amsterdam, 2007.

Geoffroy de Lagasnerie

# La conscience politique

Pluriel

Couverture : Delphine Delastre
Image : L'Exécution du 3 mai 1808 ou *Tres de mayo*
(Titre original : La fusillade de Moncloa ou *Los Fusilamientos de la Moncloa*). Peinture de Francisco de Goya
(1746-1828), 1814. Huile sur toile. Dim. 2,66 x 3,45 m,
Musée du Prado, Madrid. © Photo Josse / Bridgeman Images
ISBN : 978-2-818-50657-8

*Pour D., bien sûr*

Ce livre se divise en deux moments qui peuvent être lus de manière relativement indépendante. Les parties I et II, d'ordre méthodologique, essayent de poser les fondements d'une théorie réaliste (réductionniste) de la politique qui interroge les formes mythologiques de la pensée politique traditionnelle et rompt avec elles. Le deuxième moment vise à produire une description de notre condition politique à travers une théorie de la Loi et de l'État (partie III), de notre expérience comme sujet (partie IV), du droit, de la démocratie et de la violence (parties V et VI).

# I

# LE DISCOURS DE LA POLITIQUE

# 1

## UNE LOGIQUE DE DISTORSION

En un sens, tout ce que j'écris et voudrais écrire ici trouve son origine dans le sentiment de décalage que j'ai toujours ressenti face aux discours que nous tenons lorsque nous parlons de politique. J'ai constamment l'impression que, dans nos discours sur l'État, la Loi ou nous-mêmes en tant que sujets, quelque chose ne va pas. Que ce soit dans les textes d'auteurs classiques ou contemporains, chez des théoriciens allemands, français ou anglo-saxons, dans les prises de parole de militants ou de professionnels du champ politique, chez des locuteurs conservateurs et d'autres d'inspiration plus radicale, les mots employés, les concepts utilisés, les récits proposés me semblent faux – et même plus que ça : évidemment faux, comme si nous ne pouvions prendre pour objet la politique qu'en nous racontant des histoires et en sachant, au fond de nous, que nous sommes en train de nous mentir à nous-mêmes.

Il est difficile d'expliciter d'emblée les raisons d'un sentiment vague de manière non restrictive et non limitative. Mais alors que la politique devrait être le lieu de la dissidence, de l'invention, de l'expérimentation, il est frappant de constater l'homogénéité de notre langage. Sitôt que nous nous exprimons ou réfléchissons à propos de la police ou la justice, du vote ou de la manifestation, de l'État ou de la Loi, des manières de parler homogènes et des modes de perception uniformes s'imposent à nous. Un petit nombre de notions reviennent sans cesse – comme s'il suffisait (ce qui constitue déjà un phénomène intriguant) d'une dizaine de concepts pour appréhender l'essentiel de nos vies : peuple, volonté générale, contrat social, souveraineté, légitimité, citoyenneté, constitution et destitution, nous, espace public, représentation, affect commun, cité, législateur, délibération, peut-être même démocratie…

Avec ces concepts nous pouvons certes dire des choses très différentes. Nous pouvons articuler des discours qui pourront être classés dans des camps opposés, qui pourront aussi bien prendre la forme d'une sorte de légitimation des institutions de la démocratie libérale que d'une critique du caractère antidémocratique de ces institutions et d'un appel à une insurrection du peuple contre des institutions illégitimes. Mais cette variabilité et cette multiplicité des prises de position n'empêchent pas que les auteurs qui les énoncent partagent un même langage, en sorte que l'on se trouve dans une situation étrange où, du gouvernement aux militants contestataires, des philosophes conservateurs aux théoriciens critiques, tout le monde parle avec les mêmes mots.

Lorsque nous naissons au monde, l'espace du langage nous précède. Or l'intuition que je veux développer est que le langage qui pré-organise notre rapport à la politique et avec lequel nous nous construisons comme sujets se situe en déconnexion par rapport à la réalité. La politique apparaît comme un domaine où, dès que l'on parle, des opérations de distorsion et de mystification se mettent en place. De toutes parts, chez tant d'auteurs si différents, dans la rue ou dans les livres, des mots et des abstractions vides se substituent à la réalité, des récits mythologiques sont proposés comme comptes rendus fidèles de ce que nous sommes, des formules dénuées de sens sont employées comme des évidences, des fictions – juridiques ou politiques – assumées comme telles sont posées comme des bases nécessaires pour la réflexion. Comment par exemple peut-on parler de « volonté populaire », de « souveraineté populaire » ou de « peuple » dans des sociétés marquées par la multiplicité des opinions et des voix dissidentes, les conflits sociaux, les comportements d'abstention, les affrontements entre majorité et minorité, entre celles et ceux qui parlent d'un côté et de l'autre celles et ceux qui se taisent ou sont réduits au silence ? Comment peut-on utiliser la notion de « citoyen » là où il y a une multitude d'identités, de dominations et de clivages ? Il n'est pas rare aussi que des gouvernements élus avec une minorité de votants prétendent que la démocratie est « fondée » sur le principe du transfert de la « souveraineté populaire » à travers les élections, ce à quoi leurs opposants, au lieu de détruire ces catégories, répondent que ce sont eux qui incarnent la véritable « volonté populaire »… Il y a quelques années à Paris, lors du mouvement qui s'était désigné comme Nuit debout, n'a-t-on pas vu des militants ou des intellectuels affirmer qu'ils étaient « le peuple » en train de « rédiger une constitution » alors qu'il y avait là réunies quelques centaines de personnes et qu'il suffisait de regarder autour de soi pour voir les taxis, les serveurs de cafés, les commerces, les pharmaciens continuer leur vie comme si de rien n'était et de marcher 100 mètres dans les rues alentour pour constater que rien ne changeait ? Même la philosophie politique et la théorie du droit n'échappent pas à ce dispositif étrange. Il n'y a pas ici de rupture entre les modalités quotidiennes du rapport à la politique et les élaborations savantes. Ainsi, lorsque Jürgen Habermas parle d'espace public délibératif et de construction intersubjective du droit, Hannah Arendt de la politique comme d'un « agir en commun », John Rawls de la démocratie comme régime où règne le pouvoir « de citoyens libres et égaux constitués en corps collectif », lorsque les juristes invoquent les notions de « constituant », de « législateur », d'« ordre public »… même s'il faut se méfier des arguments brutalement empiristes, comment pourrait-on ne pas se demander : mais de quoi parlent-ils ? À quoi renvoie ce qu'ils disent ? Pourquoi emploient-ils des notions aussi fictives ? Ont-ils déjà regardé un débat parlementaire à la télévision ? Ont-ils déjà vu un policier en action, un juge parler à un accusé ou un préfet prendre une décision sur les migrants ? Sont-ils déjà allés en prison ? Ont-ils déjà vu comment se passait une campagne électorale ? Comment peuvent-ils penser la politique à partir d'une image du monde que dément une appréhension ne serait-ce que minimalement sociologique de la réalité ?

Alors que l'espace de la politique est souvent présenté comme le domaine de l'exercice de la rationalité par opposition aux sphères privées où régneraient l'affect et l'intérêt, il se pourrait qu'il soit l'un des lieux principaux de l'aveuglement et de l'automatisme. Si nous devions isoler une propriété de notre discours politique, elle résiderait dans le fait que, quasi systématiquement, les locuteurs prennent position en faisant fonctionner des processus de distorsion et de mystification. Comme si, dans ce domaine, le vocabulaire et le langage revêtaient une fonction contraire à leur mission première, et servaient non pas à nommer, mais à cacher. Se mentir à soi-même, échapper à soi-même au moment même où l'on affirme parler de soi, telle serait la caractéristique de notre position comme sujet politique. Il ne faudrait même pas dire que des logiques de distorsion sont à l'œuvre dans notre discursivité politique – mais que notre discursivité politique est entièrement fabriquée à partir de ces distorsions. Penser politiquement semble impliquer de *penser par fiction*.

# 2

## HOBBES, LA SCIENCE, LE MYTHE

Il est possible de mettre en évidence la logique de la mystification inscrite au cœur de notre modernité politique et son fonctionnement en nous penchant sur le *Léviathan* de Thomas Hobbes et ses usages. Ce n'est évidemment pas un hasard s'il me semble pertinent de prendre cet ouvrage comme point de départ. D'abord, le *Léviathan* est, historiquement, l'un des ouvrages fondateurs de la théorie politique et, par conséquent, le geste qu'il accomplit a ouvert un mode de problématisation que beaucoup d'auteurs ont consciemment ou inconsciemment repris par la suite. Hobbes a créé des habitudes et des réflexes qui imprègnent notre discursivité jusqu'à aujourd'hui, telle qu'elle nous englobe et nous produit comme sujet parlant et éprouvant.

Il y a une autre raison pour laquelle l'analyse de Hobbes constitue un instrument puissant pour révéler la nature de nos modes de pensée politique : il s'agit du fait qu'il définit son projet comme rationaliste et scientifique. Il prétend rompre avec les passions, les observations superficielles et intéressées pour construire, pour la première fois, une « véritable science » politique régie par les règles de la raison et de l'observation, à l'image des mathématiques[1]. Le projet de Hobbes n'est pas de faire une « philosophie » politique mais de fonder une science autonome sans illusions ni préjugés[2]. Son entreprise offre alors un terrain pour prendre conscience du fait que, dans notre discours politique, c'est précisément au moment où l'on prétend dire le vrai que l'on ne cesse de dire le faux.

## *Déduire*

Hobbes veut construire une science politique en déduisant la souveraineté des caractéristiques de l'homme et des rapports entre les hommes. Il élabore ainsi, dans la première partie de son ouvrage, une théorie des affects et des passions, de la raison, de l'invention. Il veut de cette façon proposer une description matérialiste, objective de la nature humaine afin d'en tirer, dans un second temps, un savoir sur la politique.

Mais dès qu'il va prendre pour objet « La République », dès qu'il va se mettre à réfléchir sur la naissance du sujet politique, Hobbes va subitement abandonner la logique rationnelle, la logique du constat et du raisonnement.

Hobbes mentionne deux modes possibles de constitution de la République ou, plus exactement, deux manières possibles pour le sujet d'entrer dans un rapport avec un souverain. Il y aurait deux formes d'entrée dans

1. Jean-Luc Picard, François Rangeon, Jean-François Vasseur, *L'Idée de science politique chez Thomas Hobbes*, Paris, Presses universitaires de France, 1976. Consulté en ligne : https://www.u-picardie.fr/curapp-revues/root/7/picard_al.pdf. Voir aussi Quentin Skinner, *Hobbes et la conception républicaine de la liberté*, Paris, Albin Michel, 2009.

2. Jean-Luc Picard, François Rangeon, Jean-François Vasseur, *op. cit.*

la sujétion politique et donc deux types de République. Il y aurait, d'abord, les Républiques d'institution : une République est instituée quand des individus se rassemblent, réalisent un accord ou passent une convention pour instituer une personne qui aura le droit de les représenter. « On dit qu'une République est instituée, lorsqu'un grand nombre d'hommes réalisent un accord et passent une convention, chacun avec chacun, comme quoi chacun, aussi bien celui qui a voté pour que celui qui a voté contre, autorisera toutes les actions et tous les jugements de cet homme ou de cette assemblée d'hommes de la même manière qui si c'était les siens[1]. »

La deuxième forme possible de constitution d'un lien politique ne prend pas la forme du contrat mutuel. Elle relève de la guerre, de l'invasion et de la conquête. C'est une domination acquise par la force : un souverain arrive, il conquiert le territoire, il remporte la victoire. Le sujet devient sujet politique lorsque, face à l'exigence posée par celui qui a gagné la guerre à celui qui a perdu de se soumettre ou mourir, il cède et accepte le pouvoir en place. C'est la République d'acquisition : « La République d'acquisition est celle où le pouvoir est acquis par la force. Il est acquis par la force là où les hommes, soit chacun individuellement, soit collectivement (par la majorité des suffrages), autorisent, par crainte de la mort ou des fers, toutes les actions de l'homme ou de l'assemblée qui a leur vie et leur liberté en son pouvoir[2]. »

Cette distinction a été amplement commentée par les historiens et les philosophes. Mais ce qui a été retenu

1. Thomas Hobbes, *Léviathan*, Paris, Sirey, 1983, p. 178.

2. *Ibid.*, p. 207.

comme l'élément essentiel, c'est le fait que Hobbes opère une distinction entre ces deux formes de souveraineté pour en nier la différence. On pourrait croire que la forme « contrat social » et la forme « conquête » sont opposées, qu'elles traduisent deux modalités antagonistes d'entrée du sujet dans un rapport de soumission au souverain, et que, par conséquent, il en découle des légitimités différentes de ces deux types de République. Or la construction de Hobbes a pour fonction de poser que, dans les deux cas, c'est la même passion qui fonde l'acte d'entrer dans une subjectivation de soi comme sujet politique : la peur.

L'instauration d'une République d'institution serait fondée sur la crainte que chacun éprouve envers chacun et du désir d'interrompre cette situation de précarité, tandis que la République d'acquisition serait basée sur la peur du souverain conquérant : deux peurs de sources différentes donc, mais deux peurs tout de même et donc, à la fin, une même logique qui assurerait l'égale légitimité de ces deux formes de constitution de la souveraineté.

C'est cette affirmation contre-intuitive d'une légitimité juridique égale du souverain d'institution et du souverain d'acquisition que la théorie politique, Michel Foucault compris, retire de l'œuvre de Hobbes[1]. Cette démonstration serait le coup de force qu'il a accompli.

1. Michel Foucault, *« Il faut défendre la société »*, Paris, Seuil-Gallimard, 1997.

*Naïveté*

Et pourtant, il y a quelque chose de beaucoup plus étrange dans ce raisonnement qui a été bien trop peu commenté, sans doute parce que soulever ce point fait courir le risque d'être considéré comme un auteur naïf. L'exposition potentielle à une accusation de naïveté est d'ailleurs un enjeu important. Elle montre l'existence d'une sorte de dispositif autoimmunitaire dans la philosophie politique – qui s'exerce avec une intensité particulière à propos des théories du contrat social, du constructivisme, ou de la démocratie délibérative : si l'on n'accepte pas les hypothèses constitutives du champ, on risque d'être accusé de naïveté et donc de voir la pertinence de ses énoncés récusée, ce qui fait que, à la fin, les hypothèses fondatrices du champ ne peuvent jamais être mises en question par un discours légitime puisque la légitimité suppose la reconnaissance des hypothèses constitutives... Ce système d'intimidation et d'autovalidation est au fond assez semblable à celui qui est à l'œuvre dans le champ de l'art contemporain. Et il explique la reconduction automatique d'un mode de pensée dont personne n'ose questionner l'existence.

*Faux*

Or ce qui devrait frapper lorsqu'on lit le texte de Hobbes, c'est le fait que la réalité de notre relation à la politique échappe totalement aux deux modalités qu'il évoque.

Hobbes distingue deux modes d'entrée dans l'État et de production du sujet comme sujet du souverain. Or ces deux possibilités n'ont aucun rapport avec la vérité de nos expériences. Ce ne sont pas des modèles : ce sont des fictions. À la limite, on pourrait affirmer que seule la République d'acquisition représente une forme parfois, mais parfois seulement – et en fait très rarement –, dotée de réalité historique pour un certain nombre d'individus, les combattants d'une guerre au moment de la défaite, les membres d'un territoire colonisé au moment de la conquête subie… Mais à part ça ? Que ce soit dans les régimes « coloniaux », dans les régimes « monarchiques » ou dans les régimes « démocratiques » – je mets ici ces termes entre guillemets, car nous réfléchirons sur ces distinctions et ces dénominations –, qui peut décrire sa relation à l'État sous une des deux formes dont parle Hobbes ? La constitution de l'État et l'entrée du sujet dans l'État ne prend pratiquement jamais la forme d'un contrat volontaire et explicite.

Le souverain tel que Hobbes le dépeint dans la théorie de la République d'acquisition dirait : tu te soumets, tu deviens mon sujet politique ou je t'exécute. C'est pourquoi Hobbes affirme que la République d'acquisition est aussi légitime que la République d'institution puisqu'elles sont toutes les deux fondées sur l'accord des sujets et un acte de reconnaissance.

Or si l'on décrit l'expérience réelle du devenir sujet politique, le choix qu'évoque Hobbes n'existe pas. Nous n'avons jamais le choix. Il n'est pas vrai qu'il y a une alternative à l'appartenance politique. Le fait d'être placé sous la soumission d'un pouvoir qui se donne le droit de disposer de soi nous est imposé à la naissance.

Il n'y a pas de contrat, il n'y a pas de soumission, car il n'y a jamais de possibilité de ne pas se soumettre et de ne pas être inscrit dans l'ordre juridique. Lorsque nous naissons, un ordre juridique est là, il s'empare de nous et nous devons faire avec. Le sujet ne se situe pas dans un rapport de constitution avec l'ordre dans lequel il se trouve. Il y a plutôt quelque chose de l'ordre de la capture.

Hobbes place le choix à l'origine du sujet politique alors que, en réalité, la question de l'État, c'est la question d'une appartenance obligatoire : sans que l'on m'ait demandé mon avis, sans que j'aie formellement et contractuellement exprimé ma volonté, je suis de fait inscrit dans l'État, comme sujet ou citoyen. Thomas Bernhard le disait, dans une formule que Pierre Bourdieu aimait à citer : « L'État m'a fait entrer en lui de force. » Nous naissons dans l'État, pris par l'État, définis par lui. Nous sommes des objets de l'État, soumis à l'État. Nous sommes enfermés en lui – j'y reviendrai.

Au lieu de dire : lorsque nous naissons, l'État est là, le droit et la police aussi, et notre naissance comme sujet politique est le résultat d'une imposition, et non une signature, Hobbes écrit : le sujet politique est soumis au droit parce qu'il a signé un contrat et il a signé ce contrat soit par peur des autres, soit par peur du souverain.

## *Réalisme et contrat social*

On pourrait évidemment répondre que, après tout, le projet de Hobbes appartient à la tradition du contrat social et que, par principe, ce champ de pensée mobilise une représentation hypothétique de l'homme et de la société pour construire une théorie de la souveraineté et de la légitimité. Mais cette objection n'est pas valable. La démarche de Hobbes n'est pas assimilable à ce que l'on peut appeler la tradition du contrat social telle qu'elle fonctionne de Jean-Jacques Rousseau à John Rawls.

Il y a en effet un point de divergence majeur. La théorie du contrat social telle qu'elle fonctionne depuis le XVIIe siècle est liée à la revendication d'une démarche hypothétique dont le but n'est pas de restituer la réalité mais de fonder des critères pour la juger et la transformer. Rousseau et Rawls assument le caractère fictif, imaginatif et expérimental du dispositif de pensée qu'ils mettent en place. Dans *Du contrat social*, Rousseau introduit une opposition entre la démarche historique qui repose sur des faits et la réflexion en termes de fondement et de légitimité qui repose, quant à elle, sur l'abstraction. Il range sa démarche dans la deuxième catégorie : il ignore comment les relations politiques se sont instaurées, mais il affirme que ce qui l'intéresse est d'élaborer des critères pour en appréhender la légitimité ou non. Le raisonnement normatif qui caractérise la démarche du contrat social se fonde sur une rupture avec la prétention à faire œuvre historique pour évaluer le réel : « L'homme est né libre, et partout il est dans les fers. Tel se croit le maître des autres, qui ne laisse pas d'être plus esclave qu'eux. Comment ce changement s'est-il fait ? Je l'ignore. Qu'est-ce qui peut le rendre légitime ? Je crois pouvoir résoudre cette question[1]. »

1. Jean-Jacques Rousseau, *Du contrat social*, Paris, Flammarion, 2005, p. 29.

Développer une approche hypothétique plutôt qu'une démarche historique afin de pouvoir résoudre la question de la légitimité différentielle des régimes politiques constitue la marque distinctive de la tradition du contrat social. Cette position méthodologique a été plus ou moins assumée au cours de l'histoire de la philosophie et elle a été réactualisée dans la réflexion contemporaine à travers le constructivisme politique chez John Rawls. Celui-ci affirme explicitement l'importance de l'abstraction si l'on souhaite élaborer des critères pour résoudre la question de savoir quelle forme prendrait une société politique juste. Ce qu'il appelle le constructivisme politique se fonde sur l'idée selon laquelle il y a des conflits puissants qui ne peuvent être résolus que par le recours à l'abstraction : « Le travail d'abstraction n'est pas gratuit. Il ne s'agit pas de l'abstraction pour l'abstraction. C'est plutôt une façon de continuer la discussion publique quand les interprétations communes de moindre généralité ont échoué. Nous devrions être prêts à reconnaître que plus le conflit est profond plus le niveau d'abstraction que nous devons atteindre est élevé jusqu'à ce que nous ayons une vision claire et nette de ses racines. Étant donné que, dans la tradition démocratique, les conflits portant sur la nature de la tolérance et sur les bases de la coopération sur un pied d'égalité ont été persistants, nous pouvons en conclure qu'ils sont profonds. Dans ce contexte, la formulation de conceptions idéalisées, c'est-à-dire abstraites, de la société et de la personne qui sont liées à ces idées fondamentales est essentielle pour parvenir à une conception politique raisonnable de la justice[1]. » Rawls déclare recourir à une technique spéculative pour élaborer des critères normatifs qui permettent d'évaluer la réalité, de nourrir l'imagination ou d'établir, comme le dit Bertrand Guillarme, « un équilibre réfléchi entre tous les degrés d'intuition d'une personne[2] ».

C'est probablement la clarté et la force de cette position qui expliquent la place de Rawls dans la discussion contemporaine et le fait que nous ne cessons, lorsque nous écrivons, de nous positionner par rapport à lui. Il y a quelque chose dans sa démarche qui fait que l'on ne peut pas l'ignorer et qu'elle nous interpelle. Rawls a posé la question essentielle de savoir sur quels critères nous pouvons fonder une critique du présent et appeler à une transformation de l'ordre politique. Et donc, il nous oblige à nous interroger sur nos modalités de conception d'autres institutions sociales et nos critères pour le faire.

Chantal Mouffe dit souvent que les intellectuels ne doivent pas s'arrêter au moment de la « désarticulation » des institutions existantes mais qu'ils doivent aussi se poser la question de la « réarticulation » d'une autre hégémonie et de la forme qu'elle devrait prendre[3]. Il est évident que c'est une position avec laquelle beaucoup

1. John Rawls, *Libéralisme politique*, Paris, Presses universitaires de France, 1995, p. 73.

2. Voir Bertrand Guillarme, « Rawls, philosophe de l'égalité démocratique », dans Alain Renaut, *Les Philosophies politiques contemporaines*, Paris, Calmann-Lévy, 1999, p. 310. Dans *Les Théories de la justice*, Paris, La Découverte, 1999, p. 71-90, Will Kymlicka revient longuement sur le recours de Rawls à la notion de contrat social.

3. Chantal Mouffe, « La politique radicale aujourd'hui », dans *Agonistique*, Paris, Beaux-Arts de Paris Éditions, 2014, p. 85-103.

d'auteurs sont mal à l'aise (mais pas tous, on peut penser par exemple à Bourdieu et Passeron qui concluent leur ouvrage *La Reproduction* par une réflexion sur les conditions d'une « pédagogie rationnelle[1] »). Or réfléchir aux formes possibles et souhaitables de la réarticulation des institutions politiques conduit à se poser la question des critères et de leur élaboration... et donc à rencontrer Rawls.

De Rousseau à Rawls, la tradition du contrat social assume le recours à l'abstraction et se fonde sur l'affirmation d'une frontière entre le raisonnement constatif/historique et le raisonnement abstrait/normatif. Or ce n'est pas du tout de cette manière que procède Hobbes. Lorsqu'il construit ses narrations fictives, celui-ci ne dit pas : je recours à l'abstraction, je romps avec l'observation pour élaborer un modèle. Il dit même exactement l'inverse. Il dit : j'observe, je fais de la science politique, je romps avec la spéculation, je déduis à partir de faits. Assumer la production d'une abstraction et distribuer des éléments mythologiques dans un raisonnement qui se présente comme descriptif sont deux choses très différentes.

D'ailleurs, l'opposition entre la démarche faussement historique de Hobbes et la démarche explicitement abstraite de Rousseau se traduit dans la différence des effets politiques de leurs œuvres. Parce qu'il fait passer du mythe pour de l'histoire, Hobbes produit un effet de légitimation de tout souverain tel qu'il existe et est en place dans le monde – il donne des raisons de se

1. Pierre Bourdieu et Jean-Claude Passeron, *La Reproduction*, Paris, Éditions de Minuit, 1972.

soumettre à ce qui est. La tradition du contrat social au contraire, comme elle est abstraite et spéculative, produit des effets critiques : elle fournit des critères pour évaluer les régimes. Des lectures de Rousseau considèrent qu'il offre des bases normatives pour évaluer la légitimité ou l'illégitimité d'une autorité politique constituée, en sorte que l'on pourrait déduire de ses analyses le fait que, la plupart du temps, les demandes d'obéissance de la part du souverain ne sont pas légitimes. C'est l'exact opposé des conséquences du *Léviathan*[1].

1. Ernst Cassirer, *Le Problème Jean-Jacques Rousseau*, Paris, Pluriel, 2006.

# 3

# ÉCHAPPER À CE QUI EST

Pourquoi notre pensée politique est-elle marquée par un usage si prégnant de catégories fictives ? Pourquoi existe-t-il cette tendance à capturer le réel et à nommer notre condition à partir de notions qui, tout en prétendant les dire, en travestissent la réalité ? À quelles nécessités obéit cette pratique discursive ?

Pour comprendre le principe de formation de nos discours politiques, nous ne devons pas penser à travers la catégorie de la méconnaissance. Les narrations que nous utilisons sont manifestement fausses. Nous savons que nous employons des entités non dotées de réalité. Ce n'est donc pas que nous fassions erreur. Nous nous situons, plutôt, dans une logique de la dénégation et du dessaisissement. Nous voulons échapper à ce que nous sommes.

## *Psychanalyse politique*

Dans ses textes sur les fondements de la science du psychisme, Freud affirme qu'il existe une tendance spontanée des sociétés humaines à peupler le monde, à voir des esprits et des intentions partout et au principe de tout. La pluie, la rotation de la Terre, l'origine de l'homme, etc., ont toujours été spontanément interprétées comme des phénomènes dotés de sens – par exemple comme des manifestations de volontés divines dont il faudrait reconstituer la signification[1]. La science est le discours qui, à chaque fois, brise ces narrations. Elle substitue aux récits mythologiques qui dotent les faits de fondements et de significations des récits mécaniques où agissent les logiques froides de la causalité.

La psychanalyse appliquerait les exigences de la pensée scientifique à l'esprit humain. Il me semble que c'est d'ailleurs en ce sens qu'il faut comprendre la formule de Pierre Bourdieu lorsqu'il définissait la sociologie comme une psychanalyse sociale. Il n'est pas certain que cette formule renvoyait seulement à la question de l'inconscient et du refoulé. Elle disait aussi que la science sociale substitue aux récits que les acteurs donnent du monde les logiques du déterminisme social.

La définition du projet scientifique consiste à détruire les esprits. En tant que projets scientifiques, la psychanalyse et la sociologie se sont construites comme disciplines en rompant avec les représentations spontanées des faits pour dégager les mécanismes froids qui se situent au principe des conduites apparentes[2].

---

1. Sigmund Freud, *Métapsychologie*, Paris, Flammarion, coll. « Champs », 2012.

2. C'est la raison pour laquelle on pourrait interpréter les tentatives qui ont eu lieu dans le champ des sciences sociales de défaire les acquis de la pensée structurale au nom du pragmatisme comme des démarches qui tentaient de ressusciter les esprits dans notre appréhension du monde social, et ce n'est donc pas étonnant si ce sont souvent des religieux pratiquants qui ont opéré ce type de contributions.

Mais cette démarche ne s'est pas encore imposée en philosophie politique ou en théorie du droit – et c'est pourquoi il faut maintenant tenter d'élaborer une psychanalyse politique. Lorsque Hobbes place un consentement au fondement de l'appartenance politique alors qu'il s'agit peut-être de l'un des rares domaines où nous n'avons jamais consenti à rien, lorsque nous disons, selon une logique identique, que la démocratie est fondée sur le principe de la souveraineté populaire, que la souveraineté est transférée à travers le vote, que le peuple s'autoconstitue comme peuple à travers le rassemblement, que la Révolution est un moment de retrait de la souveraineté populaire des institutions étatiques, qu'une assemblée constituante est une institution où un peuple se dote de règles communes ou encore que le droit est construit à partir d'un processus de délibération rationnelle, que fait-on si ce n'est doter les phénomènes politiques et les formes de l'action politique d'une sorte de vie psychique et magique ? Quelles fonctions ont ces discours sinon ajouter au réel une couche de signifiants vides qui les dotent d'une âme et d'une apparence de sens ? Le champ conceptuel de la souveraineté populaire, de l'intérêt commun, de la légitimité, de la cité, du contrat, du fondement, de la « communauté démocratique », des citoyens égaux, de la délibération, de la constitution, du corps politique, continue de faire fonctionner des manières enchantées d'appréhender notre monde.

## *Nous n'avons pas de définition de la démocratie*

En fait, si la fonction du langage politique n'est pas de nommer mais de masquer, c'est peut-être tout simplement parce que nous voulons nous protéger. Il y a quelque chose comme une brutalité de notre expérience politique et c'est à échapper à une prise de conscience lucide de notre situation que servent les mystifications qui saturent notre manière de nous rapporter à cette dimension de nos vies.

L'existence d'une fonction défensive du langage politique apparaît lorsque nous prenons un exemple simple : celui de la démocratie. Nous ne cessons de nous penser ou bien comme vivant en démocratie ou bien comme aspirant à une gouvernementalité démocratique. La notion de démocratie joue un rôle essentiel dans notre façon d'appréhender notre situation et de penser nos rapports aux institutions.

Pourtant, on ne peut pas ne pas être frappé par la manière dont nous définissons cette notion. La démocratie, ce serait le « gouvernement par le peuple », le gouvernement où « la souveraineté populaire est le principe de souveraineté », le régime politique où le « peuple » est « source du pouvoir ». Il y a bien sûr des variantes. Mais cette idée de *self-government*, d'un régime où la légitimité résiderait dans le peuple, où règne la souveraineté populaire, revient sans cesse. C'est cette définition de la démocratie qui est largement utilisée pour la distinguer, par exemple, des régimes coloniaux, monarchiques, dictatoriaux. Or si l'on met à distance les catégories totalisantes, que veut dire « gouvernement par le peuple » ? Quel sens concret a l'expression « pouvoir du peuple pour le peuple » ? À quelle réalité renvoie la formule selon laquelle « le pouvoir réside dans le peuple » ? Comment pouvons-nous connecter cette définition avec une observation ne serait-ce que minimalement réaliste des institutions et des opérations électorales, du système des partis et de la sociologie de la mobilisation politique ? Une formule telle que « les institutions politiques démocratiques sont fondées sur la volonté du peuple » n'est pas critiquable parce qu'il y aurait un écart entre quelque chose qui s'appelle la « volonté du peuple » et les institutions, mais parce que la « volonté du peuple » n'existe pas et représente une expression dénuée de signification.

### *Durkheim*

Je ne prétends évidemment pas affronter de grandes traditions de réflexions philosophiques ou juridiques en quelques lignes, mais je voudrais m'autoriser d'Émile Durkheim pour souligner à quel point il suffit d'adopter un regard sociologique pour récuser nos définitions courantes de la démocratie. Dans *Leçon de sociologie*, Émile Durkheim s'en prend à l'idée qu'il serait possible de classer les régimes d'après le nombre de ceux qui participent au gouvernement. Il cite Montesquieu qui différencie la démocratie, lorsque « le peuple en corps a la puissance souveraine », l'aristocratie, lorsque « la souveraine puissance est entre les mains d'une partie du peuple » et la monarchie lorsqu'« un seul gouverne[1] ». Cette classification renvoie tout à fait à la définition implicite de la démocratie comme pouvoir du peuple par le peuple et *self-government*.

Or Durkheim montre qu'une observation du processus électoral rend inopérante une telle définition. Ce qui le conduit à interroger nos modalités traditionnelles

1. Émile Durkheim, *Leçon de sociologie*, Paris, Presses universitaires de France, 1950, p. 110.

d'opposition entre monarchie, aristocratie et démocratie. Si l'on réfléchit objectivement sur le fonctionnement des régimes politiques et du gouvernement, en fait, l'expression « pouvoir du peuple par le peuple » devient « dénuée de sens ». Durkheim raisonne ainsi : « Qu'entend-on par ce mot de gouverner ? Gouverner, c'est sans doute exercer une action positive sur la marche des affaires publiques. Or, à cet égard, la démocratie peut être indistincte de l'aristocratie. En effet, c'est très souvent la volonté de la majorité qui fait Loi et sans que les sentiments de la minorité aient la moindre influence. Une majorité peut être aussi oppressive qu'une caste. Il peut même très bien se faire que la minorité n'arrive pas à se faire représenter dans les conseils gouvernementaux. Songez d'ailleurs que, en tout cas, les femmes, les enfants et les adolescents, tous ceux qui sont empêchés de voter pour une raison quelconque, sont tenus en dehors des collèges électoraux ; il en résulte que ceux-ci ne comprennent en réalité que la minorité de la nation. Et comme les élus ne représentent que la majorité de ces collèges, ils représentent en réalité une minorité de minorité. En France, sur 38 millions d'habitants, il n'y avait en 1893 que 10 millions d'électeurs ; sur ces 10 millions, 7 seulement ont fait usage de leurs droits, et les députés élus par ces 7 millions ne représentaient que 4592000 voix. Par rapport à l'ensemble des électeurs, 5930000 voix n'étaient pas représentées, soit un nombre de voix supérieur à celui des voix qui avaient fait le succès des députés élus. Si donc, on s'en tient aux considérations numériques, il faut dire qu'il n'y a jamais eu de démocratie. Tout au plus pourrait-on dire, pour la différencier de l'aristocratie, que sous un régime aristocratique, la minorité qui gouverne est fixée une fois pour toutes, tandis que dans une démocratie, la minorité qui a triomphé aujourd'hui peut être battue demain et remplacée par une autre. Et la différence est minime[1]. »

La manière dont la théorie politique et nous tous, spontanément, faisons fonctionner le terme « démocratie » obéit à une logique identique à celle que l'on voyait chez Hobbes. Lorsque l'on dit que la démocratie est le pouvoir du peuple pour le peuple, nous présentons comme réaliste et descriptive une définition que nous savons être mythologique ou, disons plutôt, que l'observation sociologique permet immédiatement de mettre en question comme dénuée de sens. Nous nous racontons des histoires. Et la conséquence d'une telle affirmation est simple : si nous définissons la démocratie comme le régime du « pouvoir du peuple par le peuple » et si nous prenons conscience du fait que l'expression « pouvoir du peuple par le peuple » n'a pas de sens, alors, en fait, nous devons accepter que nous n'avons pas de concept de démocratie… Nous n'avons pas de définition de la démocratie autre que mythologique.

Lorsque, pour prendre un autre exemple, John Rawls dit que, dans une démocratie, le pouvoir politique est le pouvoir public, c'est-à-dire le pouvoir « de citoyens libres et égaux constitués en corps collectif[2] », qu'énonce-t-il si ce n'est une définition qui ne correspond en rien au fonctionnement de nos sociétés ? Et donc qu'écrit-il, finalement, si ce n'est que notre réalité ne relève pas de ce qu'il appelle démocratie ? Et alors se pose la question : dans quel

1. *Ibid.*, p. 111-112.

2. John Rawls, *Libéralisme politique*, *op. cit.*, p. 264.

régime vivons-nous ? Que sommes-nous ? Quelles différences y a-t-il entre nos expériences et celles d'un colonisé, d'un sujet d'une monarchie ? Comment les caractériser ? Comment sommes-nous gouvernés ? Pour l'instant, nous ne le savons pas. Nous ne voulons pas le savoir et c'est la raison pour laquelle nous préférons nous en remettre aux mensonges de notre discursivité politique[1].

1. Les formes mythologiques qui soutiennent nos définitions de la démocratie peuvent contaminer jusqu'à nos pratiques critiques et de ce fait elles sont dangereuses, car elles nous empêchent de formuler un diagnostic lucide du présent et des logiques auxquelles nous sommes soumis. Si l'on fonde la critique sur du mythe, on ne peut ni élaborer un diagnostic du présent ni identifier des points de transformation possibles. Par exemple, dans *Défaire le* dèmos (Paris, Amsterdam, 2018), Wendy Brown énonce une critique du néolibéralisme indexée à l'idée démocratique : elle veut montrer que le néolibéralisme représente une rationalité globale qui n'affecte pas seulement l'économie mais aussi les structures politiques elles-mêmes. La figure de l'homme promue par le néolibéralisme à travers la domination de l'intérêt égoïste saperait l'idée démocratique. Wendy Brown dit ceci : le néolibéralisme détruirait la souveraineté populaire au nom de l'intérêt du marché. Il viderait de son sens l'idée d'une égale participation de tous à la délibération au nom d'un marché des opinions, il substituerait la figure du consommateur à celle du citoyen… Mais quelle valeur a cette critique qui oppose au néolibéralisme, pris comme une logique globale, un mythe qui n'existe pas et n'a jamais existé : le citoyen qui délibère, l'égale participation à la délibération publique, la souveraineté populaire. Ce sont là des catégories mythiques qui ne disent rien du fonctionnement réel du monde social et politique. Et quel sens et quelle efficacité peut avoir un projet qui oppose quelque chose qui n'a jamais existé à quelque chose qui n'existe pas ?

# 4

## UNE CRITIQUE DE LA CONSCIENCE

L'objectif de ce livre est de tenter de clore le cycle de la théorie politique afin de produire une appréhension réaliste de notre condition politique et de nos rapports à l'État, à la Loi, à nous-mêmes et aux autres. Il s'agit d'arracher les voiles qui s'interposent entre notre expérience et notre conscience, de nous débarrasser des raisonnements fictifs qui saturent notre discours et nous empêchent de nommer correctement ce qui est et ce que nous éprouvons. Bref, il s'agit d'élaborer une phénoménologie de l'expérience politique afin de reconstruire un autre langage et une nouvelle conceptualité.

Dans l'introduction aux *Méditations cartésiennes*, Husserl souligne que, lorsqu'il commence à réfléchir sur la connaissance, le sujet et le rapport au monde, il trouve devant lui d'innombrables analyses différentes qui s'affrontent. Husserl écrit qu'il aurait pu s'inscrire dans ce champ, c'est-à-dire accepter de se donner à lui-même pour bases de ses investigations les éléments constitutifs de cet univers discursif. Mais le constat de l'existence d'une prolifération d'analyses le conduit à accomplir un geste inverse. Cette prolifération, dit-il, il ne faut pas l'alimenter. Il faut la stopper. Elle condamne les auteurs à s'intégrer dans un univers déjà en mouvement et dont plus personne n'interroge les principes fondateurs. Husserl affirme alors qu'il est nécessaire, parfois, d'effectuer un geste d'écart par rapport à un champ pour entreprendre de nouvelles *Meditationes de prima philosophia* : non pas rentrer dans le champ mais s'en retirer afin de le considérer dans son entièreté[1].

Pour parler de sa démarche, Husserl évoque un « radicalisme du point de départ ». C'est un geste identique que j'aimerais accomplir ici : tenir en suspens les concepts que l'on prend pour acquis et les vérités qui semblent évidentes afin de produire ce que Husserl appelle aussi une « critique générale de la conscience ».

## *Contester la conscience*

Un problème se pose nécessairement lorsque l'on entend défaire les catégories instituées du discours : en tant que théoricien, nous allons nous trouver en confrontation non pas seulement avec d'autres théoriciens, mais aussi avec les acteurs sociaux, les militants, et les discours qu'ils tiennent tous les jours. Au cours de ce livre, je vais critiquer par exemple la pertinence de la catégorie de désobéissance. Ce qui signifie que, pour moi, un militant qui dit « je désobéis » vit en fait autre chose que ce qu'il croit vivre : il nomme inadéquatement ses actions étant donné le langage actuellement disponible. De la même manière, la mise en question de la pertinence des catégories totalisantes comme « peuple », « nous », « communauté », « citoyenneté », « démocratie » ou

1. Edmund Husserl, *Méditations cartésiennes*, Paris, Vrin, 2014, p. 22-23.

« souveraineté populaire » m'amènera à prendre mes distances avec un nombre important d'énoncés qui peuvent être tenus dans et par les mouvements sociaux.

Les catégories de notre discursivité politique nous font expérimenter en quelque sorte une vie dédoublée, où nous vivons concrètement un certain nombre d'expériences que nous nommons autrement qu'il conviendrait. Il existe une autonomie de l'expérience, de ce que nous vivons par rapport aux mots que nous employons pour les désigner. Le langage instaure un rapport erroné à soi-même qui ne modifie pas nécessairement la vérité de ce qui est vécu.

C'est à abolir la distance entre les mots et les choses que cet ouvrage voudrait contribuer, qui s'articule ainsi à une certaine éthique de la théorie comme pratique qui ne consiste pas à ratifier les mots qui circulent dans le champ social et que les gens utilisent mais à contester les pratiques spontanées du langage pour objectiver ce qui se passe à l'insu des acteurs eux-mêmes, dans l'obscurité et malgré les mots qu'ils emploient.

En d'autres termes, on ne saurait jamais tenter de fonder la validité d'une conceptualité en invoquant le fait que les acteurs la manient dans la vie réelle, l'utilisent quand ils parlent d'eux. Que ces mots soient invoqués ne veut pas dire qu'ils sont vrais. C'est seulement la preuve que nous naissons comme sujets à l'intérieur d'un univers discursif donné et que, pour penser nos vies et ce que nous faisons, nous recourons au langage qui nous est offert. On pourrait aussi envisager le fait que nous avons tendance à appréhender et restituer nos existences sur un mode mensonger, ce qui après tout est assez banal.

## *En deçà du langage*

Le rôle du théoricien est souvent de mettre en question les catégories sédimentées du discours et les formes spontanées de la conscience, qui ne décrivent pas ce qui est mais conduisent le sujet à vivre ce qu'il vit de manière inauthentique. C'est donc aussi, pour ajouter une dimension, la question du langage et de la conscience qui se pose ici. Si l'on croit trop au pouvoir des mots, si l'on considère que le langage construit l'expérience, en fait, nous détruisons la possibilité d'une réflexion qui soit autre chose qu'une ratification des idéologies instituées. Puisque les catégories façonneraient l'expérience, le rôle de la théorie se réduirait à décrire ces catégories, à rendre compte de la façon dont les acteurs les manient. Mais à l'inverse, si le langage est faux, alors s'ouvre un espace pour une théorie démystificatrice qui a pour fonction d'éclairer l'écart entre ce que les gens disent, pensent, et la vérité de ce qu'ils sont et font.

Dans *Les Damnés de la terre*, Fanon offre une réflexion sur la différence entre le fonctionnement du pouvoir dans les sociétés coloniales et dans les sociétés capitalistes qui permet d'expliciter cet enjeu. Il affirme que ces deux sociétés sont traversées par des systèmes d'oppression. Mais elles organisent différemment le fonctionnement de ces systèmes et le rapport à eux de celles et ceux qui les subissent. Dans le monde colonial, le rapport des individus à l'ordre social et de l'ordre social aux individus est brutal. Il y a des places assignées dans le monde, des frontières, des divisions, « le monde colonisé est un monde coupé en deux » et la « ligne de partage » est indiquée par les casernes et les postes de police[1]. Le colonisé est en relation directe avec le gendarme et le soldat, qui utilisent « coup de crosse » et « napalm » pour lui assigner sa place. Entre les individus et l'ordre, il n'y a pas d'intermédiaire. Dans les sociétés capitalistes, la manière de conduire les individus à occuper la place qui leur est assignée fonctionne différemment. Ici, les mécanismes ne se déploient pas avec une brutalité apparente et assumée. Des processus de dénégation sont à l'œuvre. Le rapport à l'ordre passe par tout un ensemble de médiations, notamment culturelles et scolaires : « Dans les pays capitalistes, entre l'exploité et le pouvoir, s'interposent une multitude de professeurs de morale, de conseillers » qui créent « autour de l'exploité une atmosphère de soumission et d'inhibition qui allège considérablement la tâche des forces de l'ordre[2] ». La culture, l'École, la religion, l'éducation créent des « formes esthétiques du respect de l'ordre établi », et les individus adoptent leur position assignée dans l'ordre social sans avoir besoin du contact direct avec les forces de l'ordre – ils y vont presque par eux-mêmes.

Cette analyse de la culture comme intermédiaire montre que le théoricien ne saurait accepter la façon dont les individus éprouvent ce qu'ils vivent. Il n'y a pas d'expérience spontanée ou propre, et ce que les individus peuvent éprouver comme « leur » expérience n'est souvent rien d'autre que la façon dont le pouvoir nous inculque un certain nombre de manières de réagir à ce qui nous arrive.

---

1. Frantz Fanon, *Les Damnés de la terre*, Paris, La Découverte, 2002, p. 41.

2. *Ibid.*, p. 42.

Il existe un biais très puissant notamment dans l'université américaine à refuser de contredire ce que les acteurs disent, à penser qu'une telle attitude serait violente envers eux. Mais en fait cette présupposition conduit à oublier qu'il n'y a pas d'expérience pure, et que la violence sociale et épistémologique peut être libératrice si elle permet de s'émanciper des discours mensongers et institués à travers lesquels on pense souvent malgré soi.

Le rôle de l'objectivation est de désigner ce qui, derrière et malgré les idéologies culturelles, constitue la réalité des vies vécues. La logique de l'assignation est à l'œuvre dans toutes les sociétés, et dans toutes les sociétés elle est fondée sur un acte d'imposition et un rapport de force. L'ordre assigne des places et des positions de façon violente et arbitraire. Mais cette réalité est déniée dans les sociétés capitalistes à travers les mystifications idéologiques, les « formes esthétiques », que les agents incorporent et qui font qu'ils vivent ce qui relève d'un mécanisme d'assignation comme le résultat d'une décision libre ou d'un goût personnel. Comme le dit Didier Eribon, « toute sociologie ou toute philosophie qui entend placer au centre de sa démarche le point de vue des acteurs ou le sens qu'ils donnent à leurs actions s'expose à n'être rien d'autre qu'une sténographie du rapport mystifié que les agents sociaux entretiennent avec leurs propres pratiques et leurs propres désirs et, par conséquent, à n'être rien de plus qu'une contribution à la perpétuation du monde tel qu'il est[1] ».

1. Didier Eribon, *Retour à Reims*, Paris, Fayard, 2009, p. 52.

Les formes culturelles ne changent pas la réalité. Elles altèrent notre perception et soutiennent des formes d'automystification. La brutalité du monde se déploie indépendamment du langage, en sorte que dire la vérité sur le monde et le sujet consiste à aller la chercher en deçà du langage, alors qu'une croyance trop spontanée dans le langage et trop respectueuse de ce que les gens « disent » de « leur expérience » nous condamnerait à participer à la reproduction des formes mythifiées de la perception et à faire de la théorie un auxiliaire des forces de l'ordre.

# II

# RÉDUIRE LA POLITIQUE À CE QU'ELLE EST

# 1

## L'AUTONOMIE DE LA POLITIQUE

On se serait peut-être attendu à ce qu'une investigation sur la politique procède par thème, progressivement, en prenant successivement pour objet un certain nombre de questions classiques et bien déterminées : les régimes juridiques, la Loi, la résistance et la citoyenneté. Mais procéder à une critique générale de la conscience nécessite en fait d'opérer un geste supplémentaire. Il faut remonter aux principes de construction de notre rapport à la politique lui-même.

L'existence d'une logique mythologique si puissamment à l'œuvre dans notre langage politique est peut-être une conséquence de la constitution de ce champ d'expérience. Notre relation à la politique s'articule en effet à un univers discursif dont la formation présuppose dans son énonciation même un fait étrange : les entités à l'œuvre dans ce domaine ne seraient pas les mêmes que celles qui agissent dans les autres plans de la vie.

Il y a, dans notre usage du langage, un point de bascule qui apparaît lorsque nous nous mettons à parler de politique : soudain, nous utilisons des mots, des raisonnements, des concepts qui ne sont valables que pour cette sphère d'interaction et d'expérience. Nous recourons à un vocabulaire qui ne s'applique à aucun autre aspect de notre vie : la citoyenneté, le peuple et ses intérêts, la souveraineté populaire, le corps politique, la légitimité, la volonté générale, la délibération collective, l'intérêt général… Autrement dit, nous tenons pour établi que « la politique » existe, qu'une partie de nos existences se déroule sur un plan spécifique qui s'appellerait « la politique ».

Jacques Derrida affirme, dans *L'animal que donc je suis*, qu'au-delà de leurs oppositions, et en faisant semblant de s'opposer, Descartes, Heidegger et Levinas sont en fait d'accord pour constituer leur théorie du propre de l'homme sur l'exclusion de l'animal et pour toujours dire qu'être un homme c'est ne pas être un animal[1]. On pourrait dire de la même manière que, au-delà de leurs désaccords ou plutôt alors même qu'ils font mine de s'opposer, les philosophes politiques partagent un point d'accord entre eux : ils constituent leur discursivité sur l'abstraction de la politique du reste du monde – sur l'exclusion de ce qu'ils appellent le « sociologisme », l'« économisme », la « morale ». La philosophie politique se définit comme discipline par son ambition de déterminer la singularité de la politique comme la singularité d'un domaine de réalité, d'action et d'expérience. Elle ne cherche pas à inscrire les institutions politiques dans le jeu des forces sociales et de leur affrontement, mais, au contraire, à les autonomiser. Le biais constitutif de notre discours politique peut être désigné par le terme *autonomisme*.

1. Jacques Derrida, *L'animal que donc je suis*, Paris, Galilée, 2006.

*Distinction*

L'un des textes qui illustrent avec le plus de netteté en quoi le moment fondateur de la naissance d'une théorie qui se présente comme théorie politique réside dans une opération de construction de la politique comme d'une sphère autonome se trouve chez Carl Schmitt.

Définir la politique, selon Schmitt, exigerait de dégager ses distinctions propres, qui ne devraient pas se superposer aux catégories morales, esthétiques, économiques, religieuses. La politique serait un domaine doté de ses propres critères. Et l'adversaire de toute compréhension de la politique se trouverait dans les entreprises qui réduisent la politique à autre chose qu'elle-même et lui appliquent un langage que Schmitt désigne comme hétéronome.

« On ne saurait arriver à définir le politique sans avoir d'abord dégagé et vérifié ses catégories spécifiques. Car le politique a ses critères à lui, qui jouent d'une manière qui leur est propre vis-à-vis des domaines divers et relativement autonomes où s'exercent la pensée et l'action des hommes, particulièrement vis-à-vis du domaine moral, esthétique et économique. Le politique résiderait donc en dernière analyse dans des distinctions qui lui sont propres, auxquelles pourrait se ramener toute activité politique au sens spécifique du terme. Admettons que les distinctions fondamentales soient, dans l'ordre moral, le bien et le mal ; le beau et le laid dans l'ordre esthétique ; dans l'économique, l'utile et le nuisible ou, par exemple, le rentable et le non-rentable. La question se pose alors de savoir s'il existe pour le politique un critère simple qui soit une distinction de même nature, analogue aux précédentes sans pour autant en dépendre, une distinction autonome et donc évidente en elle-même, et de savoir en quoi celle-ci consiste. La distinction spécifique du politique, à laquelle peuvent se ramener les actes et les mobiles politiques, c'est la discrimination de l'ami et de l'ennemi. Elle fournit un principe d'identification qui a valeur de critère, et non une définition exhaustive ou compréhensive[1]. »

## *Identique*

La circonscription d'une identité spécifique à « la politique » que l'on voit à l'œuvre chez Carl Schmitt se retrouve, sous des formes quasi homologues, chez des auteurs qui lui sont pourtant radicalement opposés. On peut penser par exemple à Jürgen Habermas lorsque, dans *Droit et démocratie*, il reproche à Max Weber son « sociologisme » et le fait que, inscrivant les rapports politiques dans les rapports sociaux de pouvoir, il nierait la dimension spécifique, délibérative et rationnelle des rapports politiques. Habermas accuse Weber de mener un « travail de sape » contre le normativisme du droit rationnel, en rabattant le droit sur des logiques non juridiques, et la problématique de l'État sur la problématique de la domination[2]. On peut mentionner également les travaux de Chantal Mouffe et Ernesto Laclau qui sont fondés sur la même présupposition : la politique s'inscrit en rupture avec le jeu des catégories sociales. La construction de la catégorie de « populisme » s'enracine

1. Carl Schmitt, *La Notion de politique* (1932), Paris, Flammarion, 1992, p. 63-64.

2. Jürgen Habermas, *Droit et démocratie*, Paris, Gallimard, 1997, p. 98.

dans la conviction qu'une théorie politique des identités collectives suppose d'introduire un niveau de réalité différent par rapport à celui des appartenances et des luttes sociales et que la construction d'un sujet politique s'appuie sur des opérations différentes de la construction d'un sujet social ou d'un groupe socio-économique. Qui dit politique dirait fabrication d'une identité collective qui se situerait en excès des identités sociologiques assignées et donc autonomie des logiques et du vocabulaire politiques par rapport au social[1].

Dans *Agonistique*, Chantal Mouffe reconnaît d'ailleurs son accord avec Carl Schmitt sur la nécessité de penser un régime propre du politique. Elle affirme également que l'ensemble de sa théorie de la démocratie radicale s'oppose aux modèles de la démocratie proposés par Rawls ou Habermas parce que ceux-ci n'offriraient pas une conception réellement politique des rapports politiques, mais une conception éthique ou morale. En d'autres termes, elle ratifie la même exigence qu'Habermas et Rawls – ne pas réduire la politique à autre chose qu'elle-même et en penser la singularité –, mais elle retourne ce geste contre eux, dont elle accuse les œuvres de proposer une vision insuffisamment politique et insuffisamment autonome. Ce n'est pas un hasard si le sous-titre du livre *Agonistique* est « Penser politiquement le monde[2] ».

1. Voir Chantal Mouffe et Ernesto Laclau, *Hégémonie et Stratégie socialiste : Vers une politique démocratique radicale*, Paris, Fayard, « Pluriel », 2019, et Chantal Mouffe, *The Return of the Political*, Londres, Verso, 1993. Voir notamment le chapitre : « Democratic Citizenship and the Political Community ».

2. Chantal Mouffe, *Agonistique*, *op. cit.* Voir notamment p. 155.

## *Agamben dans la tradition*

Cette croyance dans l'existence d'un plan spécifique à la politique est si prégnante que même un auteur comme Giorgio Agamben, dont le projet entend pourtant déconstruire les catégories de la politique, ne songe pas à la mettre en cause. Il la place au point de départ de son investigation. À la toute fin de *L'Usage des corps*, l'ouvrage qui conclut *Homo sacer*, la réflexion qu'il a menée pendant vingt ans, Giorgio Agamben rappelle que son ambition consistait à procéder à une archéologie de la politique. Il ne s'agissait pas de critiquer ou corriger tel concept politique, ou telle institution, mais de porter au jour ce qui constitue le fondement de cet espace de discours et de pratiques. Agamben appelle cela « dégager la structure originaire de la politique[1] ». Mais il y a quelque chose de problématique dans cette formulation. Le travail qui cherche à « dégager ce qui forme la structure originaire de la politique » présuppose l'existence d'un domaine propre, qui s'appellerait « la politique », dont Agamben accepte la pré-délimitation, l'existence et n'interroge jamais les contours. Certes, il existe la Loi, il existe l'État, il existe la police, mais pourquoi nos rapports à ces institutions seraient-ils d'une nature différente que nos rapports à l'entreprise, au marché, à la famille, etc. ? Pourquoi les pouvoirs qui s'y déploient seraient-ils d'une autre forme que ceux que nous affrontons dans d'autres sphères ? Pour quelles raisons les

1. Giorgio Agamben, *Homo sacer. L'intégrale*, Paris, Seuil, 2016, p. 1319. Estelle Ferrarese, « Le projet politique d'une vie qui ne peut être séparée de sa forme. La politique de la soustraction de Giorgio Agamben », *Raisons politiques*, n° 57, 2015, p. 49-63.

rapports politiques seraient-ils dotés d'une singularité par rapport aux rapports interindividuels et aux formes quotidiennes ?

Je ne dis pas nécessairement qu'essayer de poser une distinction entre le politique et le non-politique est en tant que telle illégitime et condamne un projet à l'erreur (encore que…). Mais cette frontière ne peut pas être postulée, posée comme une base qui préconditionne le déploiement d'une investigation rationnelle. Il faut nécessairement intégrer dans son projet une justification de cette construction, car, sinon, l'on reçoit du monde et l'on incorpore dans sa réflexion un pré-découpage idéologique dont rien ne dit qu'il ne ressortit pas à la mystification et à l'illusion.

En situant au fondement de son œuvre l'idée d'un domaine de la politique, Agamben condamne sa réflexion à être travaillée par des éléments qu'il reçoit du dehors. Malgré son ambition d'objectiver la sphère politique et ses éléments fondateurs, il fait circuler des images mystiques du pouvoir : il emploie des mots et des concepts dont nous devrions suspendre l'usage. C'est particulièrement explicite dans son ouvrage sur Hobbes et la guerre civile, où il emploie les catégories de « multitude », de « peuple », de « constitution », de « souveraineté » sans s'interroger sur la validité de tels concepts ni leur caractère opératoire pour décrire l'État, la Loi et les sujets politiques[1].

1. Giorgio Agamben, *La Guerre civile*, Paris, Seuil, « Points », 2015, p. 49-51 notamment.

*Traduction*

L'ancrage de la réflexion d'Agamben dans le dispositif le plus traditionnel de la théorie explique pourquoi, au lieu de « déconstruire la structure originaire de la politique », sa pensée en reconduit au contraire, mais avec un vocabulaire différent, les perceptions les plus classiques. Agamben illustre de manière exemplaire à quel point une malédiction pèse sur nous lorsque nous abordons la politique, qui conduit même les auteurs qui voudraient faire vivre des démarches critiques à se retrouver souvent malgré tout prisonniers d'un vocabulaire, d'un langage et d'une forme de pensée problématiques, à perpétuer une perception mythologique des faits et une manière mystificatrice de parler des institutions.

Par exemple, *L'Usage des corps* se termine par une tentative de penser la forme que pourrait prendre un nouveau type d'action politique qu'Agamben appelle destituante. Il affirme que l'action politique a été largement pensée et pratiquée sur le mode du pouvoir constituant. Agir politiquement c'est constituer un pouvoir. Mais de cette constitution résulte aussi le fait que la force constituante de l'action sera capturée par le pouvoir qu'elle va constituer pour que lui soit ôtée la possibilité de s'en retirer, de le défaire et de constituer quelque chose d'autre – en sorte que cette force va se séparer d'elle-même dans le moment de son accomplissement. La révolution serait ce processus inverse, au cours duquel la force constituante se retire du pouvoir constitué. Agamben voudrait parvenir à penser une action politique qui échapperait au cycle de la constitution. Il appelle à l'élaboration d'une action qui se déploierait sous la forme d'une puissance destituante là où la révolution comme retrait et reconstitution, comme désarticulation et réarticulation nous enferme dans des cycles de la capture : au lieu de rompre avec ce à quoi elle s'oppose, elle en reconduit les formes instituées et reproduit le cycle infernal de la constitution, de l'appropriation de la force constituante et de la nécessité d'une nouvelle constitution.

Comment faire une révolution sur un mode autre que sur celui de la re-constitution ? C'est à envisager cette possibilité que sert la notion de puissance destituante. Au jeu traditionnel de la politique, Agamben oppose la figure du désœuvrement, du dépôt, du blocage, de l'action qui destituerait les relations politiques et les déposerait pour nous faire entrer dans une autre ère.

Ce projet réélabore en fait des schèmes classiques. L'idée de force constituante et de puissance destituante réactive finalement l'idée selon laquelle les institutions dans lesquelles nous vivons reposent sur des fondements subjectifs (il suffirait que nous leur retirions notre consentement pour les destituer), ce qui est au fond une reformulation des théories du contrat social. Mais surtout, ce qu'Agamben appréhende sous la forme du cycle de la constitution et de la capture a toujours été pensé dans la théorie politique comme ces moments où la « souveraineté populaire » se retire de « l'État » et abandonne le « gouvernement » présent pour en constituer un nouveau. La théorie du droit est hantée par cette question, à savoir que la souveraineté populaire institue un régime mais conserve la possibilité de se retirer de l'État et d'abandonner le gouvernement présent pour en constituer un nouveau. Et peut-être l'écho que rencontre Agamben dans certains secteurs de la politique dite radicale assez largement dominés par la petite bourgeoisie blanche et dont l'exemple paradigmatique est le Comité invisible trouve-t-il son explication ici et vient-il du fait que ses écrits, dans la mesure où ils se contentent de traduire la réflexion la plus traditionnelle dans un autre langage, peuvent donner des allures subversives à des formes de pensée conservatrice – ce qui est philosophiquement l'homologue de la pratique politique de ces groupes qui font passer pour radicales les formes bourgeoises du rapport au monde (le retrait, le mépris de classe du militantisme et des syndicats, la pratique du petit commerce, l'éloge de la vraie vie contre la perversité du monde moderne et de la technique).

### *Exception et guerre civile : ce qui échappe à ce qui est posé*

En fait, il arrive qu'Agamben sente que les catégories comme peuple, constitution, nous, citoyenneté, légitimité, souveraineté, et les récits qu'elles soutiennent se situent en décalage avec la réalité. Mais plutôt que d'y renoncer, sa réflexion devient une forme de méditation sur l'écart entre la réalité et ces catégories, sur leur non-réalisation, leur inadéquation, leur incomplétude. Il est possible de voir ici la confirmation que nous avons bien affaire à une logique que l'on peut dire mythologique par le fait qu'elle n'a pas de dehors : ce qui devrait la mettre en question ne la heurte pas, n'en interrompt pas le développement mais est absorbé par elle.

C'est sans doute pour cette raison qu'Agamben a placé au centre de son œuvre deux concepts qui se trouvent à la limite de ce qu'il dit être la sphère politique : l'état d'exception et la guerre civile.

Je voudrais ici me concentrer sur la « guerre civile ». Dans ses analyses, Agamben explique qu'il prend cette forme pour objet car elle se situe dans une « zone d'indifférence entre l'espace impolitique de la famille et l'espace politique de la cité[1] ». Autrement dit, le concept de « guerre civile » permet d'appréhender les formes d'actions et de relations qui échappent au découpage politique/privé – cité/famille. Ce qui est en jeu, c'est le seuil d'indifférence où politique et impolitique coïncident. La guerre civile « marque le seuil par lequel l'impolitique se politise et le politique s'économise[2] ». Et c'est là que se situe le point essentiel : l'intérêt pour la forme guerre civile conduit Agamben à saisir que, au final, il n'y a pas de substance politique : « La politique *est un champ parcouru constamment par les courants de tension de la politisation et de la dépolitisation*, de la famille et de la cité. Entre ces polarités opposées, disjointes et intimement liées, la tension n'est pas susceptible de résolution[3]. »

Dès lors, la question qui se pose est celle-ci : quelle est l'utilité d'un geste qui pose des catégories, qui oppose « la politique » et « la famille », la *polis* et l'*oikos*, et qui découvre ensuite que la vérité fuit de partout en sorte qu'il faut ajouter un troisième concept (guerre civile)

1. *Ibid.*, p. 23.
2. *Ibid.*, p. 29.
3. *Ibid.* Je souligne.

pour penser la réalité ? Plutôt que dire qu'il y a seulement des courants de politisation et de dépolitisation qui se rapprochent ou s'éloignent de la « substance politique » sans jamais l'atteindre, ne serait-il pas plus pertinent de dire que ce qu'Agamben appelle « politique » n'existe pas et qu'il vaudrait mieux chercher d'autres concepts, plus adéquats, pour parler de ce qui existe et ne pas se contenter de caractériser ce qui est sur le mode de la non-correspondance avec une forme… qui n'existe pas ?

# 2

## DU MONISME AU RÉDUCTIONNISME

On pourrait dire les choses ainsi : notre mode de pensée politique est une forme de connaissance et un champ de discussion qui, dans leur constitution même, supposent l'existence autonome de quelque chose comme « la politique ». Dans ce qu'on appelle la « philosophie politique », les auteurs se distinguent dans leur façon de construire cette autonomie, de la revendiquer, d'élaborer des points de distinction avec l'économie, la morale, la sociologie, l'éthique… Mais cette philosophie émerge lorsqu'un discours veut se rapporter à la Loi, à l'État ou à nous-mêmes en tant que sujets en se fondant sur une opération d'abstraction de la politique. C'est ce qui explique pourquoi cette discursivité est dotée de ses propres mots, qu'elle utilise des concepts qui n'ont de pertinence que dans son cadre et en référence à ses objets, mais que nous n'utilisons jamais pour d'autres aspects de notre existence : peuple, communauté, souveraineté, démocratie, citoyen. Tout se passe en d'autres termes comme si une sorte de magie était à l'œuvre dans le monde et que lorsque « la politique » apparaît, le « social » disparaît. Comme si, à ce moment-là, tout changeait : nous ne serions plus des individus dotés de caractéristiques sociales et animés par des intérêts mais des citoyens ou des êtres raisonnables au sein d'un peuple ; le langage ne serait plus un outil inscrit dans le jeu des dominations, mais un instrument de la discussion ; les rapports interhumains ne seraient plus des rapports de force et de guerre, mais, soudainement, des rapports interindividuels de discussion et de délibération.

Mais pourquoi nos rapports à l'État et à la Loi seraient-ils d'une nature différente que nos rapports aux autres institutions de la vie sociale ? Pourquoi les relations de pouvoir qui se constituent dans et à travers l'État ressortiraient-elles à une autre économie que les autres relations de pouvoir ? Pourquoi notre rapport au langage passerait-il d'un rapport d'imposition à un rapport de délibération lorsque nous prenons pour thèmes des sujets « politiques » ou lorsque nous menons des raisonnements juridiques comme semble parfois le suggérer Habermas[1] ?

Nous avons tous, chaque jour, des rapports les uns aux autres. Tous ces rapports sont médiés par des institutions et des cadres symboliques : pourquoi les modes de relation que je déploie avec les autres changeraient-ils subitement de forme quand je vote ou quand j'agis politiquement par rapport à d'autres types de pratiques ? Pour quelles raisons les rapports interindividuels se transmueraient-ils dès lors qu'ils auraient pour objet ou pour arène ce quelque chose que l'on appelle « la politique » ? Le fait de rassembler des institutions comme le vote, l'État, la Loi, la justice dans un domaine qui s'appellerait « la politique » et qui relèverait de la « science politique » ou de la « philosophie politique » suppose que

1. Jürgen Habermas, *Théorie de l'agir communicationnel*, Paris, Fayard, 2001.

ces institutions ressortiraient à une même logique. Mais en quoi ? Pourquoi le vote ne serait-il pas plus proche de l'entreprise que de la manifestation ?

## *Monisme*

Dans l'introduction de son ouvrage *The Economic Approach of Human Behaviour*, l'économiste Gary Becker formule un certain nombre d'arguments qui justifient la nécessité de mettre en question les constructions narratives qui désinsèrent la politique du jeu des forces sociales. Il ne s'agit pas ici de ratifier la vision du monde et de l'homme de Becker, mais de s'appuyer sur son mode de raisonnement, de manière analogique, pour élaborer ce que je propose d'appeler *une théorie réductionniste.*

Gary Becker a opéré avec *The Economic Approach of Human Behaviour* une révolution dans la théorie économique en affirmant que la partition disciplinaire entre économie et science sociale et la répartition des objets propres à ces sciences ne sont pas pertinentes.

La distinction traditionnellement acceptée entre les objets « économiques » susceptibles d'une approche en termes de rationalité et les autres objets ou domaines de la vie (affectifs, passions, amour, drogue) dans lesquels la rationalité ne s'appliquerait pas et où les choix seraient redevables d'autres modes d'analyse ne tient pas : si l'homme est rationnel, il l'est tout le temps. Il ne cesse pas spontanément de l'être quand, tout à coup, il se rapporte à d'autres objets que l'argent ou le travail. Dès lors, si l'homme peut être soumis à une analyse en termes de rationalité et de maximisation pour le travail ou l'argent, il doit l'être aussi pour tous les aspects de sa vie. Il y a un monisme comportemental qui oblige à refuser la séparation économique/non économique.

Une science sociale cohérente doit être moniste. Gary Becker écrit : « Le cœur de mon argument est que le comportement humain n'est pas compartimenté, parfois basé sur la maximisation, parfois non, parfois motivé par des préférences stables, parfois par des préférences volatiles, parfois qui aboutissent à une accumulation optimale des informations, parfois non. Au contraire, tout comportement humain peut être considéré comme impliquant des participants qui maximisent leur utilité à partir d'un ensemble stable de préférences et accumulent une quantité optimale d'informations et d'autres intrants dans une variété de marchés[1]. »

Becker explicite ainsi : « J'en suis venu à la conclusion que l'approche économique est une approche globale qui s'applique à tous les comportements humains, qu'il s'agisse de comportements impliquant des prix monétaires ou fictifs, des décisions répétées ou peu fréquentes, de grandes ou petites décisions, des fins émotionnelles ou mécaniques, des personnes riches ou pauvres, hommes ou femmes, adultes ou enfants, brillants ou stupides, patients ou thérapeutes, entrepreneurs ou hommes politiques, professeurs ou élèves[2]. »

L'homme n'est pas un être compartimenté qui adopterait des raisonnements économiques pour ses actions économiques et qui dans le même temps obéirait plutôt à des valeurs sociales, morales, politiques, psychologiques,

1. Gary Becker, *The Economic Approach of Human Behavior*, Chicago, Chicago University Press, 1976, p. 14. Ma traduction.

2. *Ibid.*, p. 8.

éthiques, etc., dans les autres domaines de son existence. C'est un être unifié, cohérent. Un économiste est donc fondé à le traiter comme une petite entreprise qui chercherait à chaque instant à maximiser son utilité sous contrainte des ressources et à lui appliquer le modèle de l'homo œconomicus comme grille d'intelligibilité de toutes ses actions : la famille, la drogue, les sentiments, le crime et la punition.

### *Unité*

Il n'est pas nécessaire de partager les postulats anthropologiques et méthodologiques de Gary Becker pour accepter la validité de l'intuition qu'il développe : une théorie sociale ne peut qu'être moniste. Autrement dit, si l'on revient au sujet de cet ouvrage, toute démarche qui autonomise les catégories de la politique est confrontée à un problème épistémologique : elle accepte que les actions humaines et les rapports interhumains changeraient de nature et de forme dès qu'ils concernent la politique. Or rien ne peut justifier un tel exceptionnalisme et le fait que, soudainement, les rapports interhumains se métamorphoseraient lorsqu'ils auraient pour enjeu quelque chose comme l'État, la « vie en société », la « cité ». Il est beaucoup plus convaincant de penser que les institutions politiques sont inscrites dans les dispositifs de la vie et immergés dans les rapports sociaux et qu'il faut donc les nommer et les penser à travers un langage ordinaire d'observation. Les entités agissantes dans l'espace dit politique sont les mêmes que celles agissant dans l'espace dit public ou social et privé. La théorie « politique » est une sous-partie de la théorie du pouvoir et des interactions sociales.

# 3

## LA POLITIQUE COMME SIGNIFIANT VIDE

Peut-être n'y a-t-il pas de meilleure manière pour mettre en évidence les impasses inhérentes à toute démarche autonomiste et la nécessité de déployer une démarche réductionniste que de voir le fonctionnement d'un projet comme celui d'Ernesto Laclau et Chantal Mouffe et les impasses auxquelles il ne peut manquer de conduire dans l'interprétation des phénomènes dits politiques.

*La Raison populiste* de Laclau est intéressant car il semble être travaillé à la fois par le projet de construire à tout prix une théorie politique – c'est-à-dire d'autonomiser la politique du champ social – tout en reconnaissant, finalement, le caractère fictif d'une telle entreprise. Tout se passe comme si Laclau énonçait à chaque ligne l'impossibilité logique de ce qu'il essaie d'accomplir. La lecture de *La Raison populiste* donne l'impression que Laclau nous dit sans cesse qu'il y a un antagonisme entre la compréhension réaliste du monde et la pensée politique du monde, mais que son attachement à la théorie politique le conduit néanmoins, irrépressiblement, à inventer des fictions pour sauver son hypothèse de départ.

Au fondement de *La Raison populiste* se trouve l'affirmation selon laquelle il existe dans le champ social un ensemble de combats irréductibles dont il faut maintenir l'irréductibilité : la gauche ne doit pas restaurer une unité paradigmatique, elle doit assumer toutes les questions dans leur pluralité, affirmer aussi bien les questions héritées du marxisme que les questions des « nouveaux mouvements sociaux ». Il y a une multiplicité d'identités, de groupes, de combats qui forment ce que l'on appelle la société. Les demandes sociales sont variées et Laclau affirme que la gauche doit s'articuler à l'expression de toutes ces demandes. À la limite, cette proposition devrait être suffisante pour construire un langage qui permette de penser les luttes et les pouvoirs dans leur variété et leur immanence.

Mais pas pour Laclau. Penser la politique signifierait instaurer un plan de plus par rapport aux interactions sociales. La politique serait cette activité où, précisément, quelque chose « totaliserait », « rassemblerait » ce qui existe à l'état dispersé dans le champ social[1]. C'est là qu'intervient la notion de peuple. Ce concept sert à penser quelque chose qui serait l'articulation de mouvements hétérogènes dans un processus d'identifications partagées. La démocratie supposerait l'existence d'un sujet politique qui se situe au-delà des sujets sociaux et ce sujet politique, c'est le peuple. Construire une théorie politique, ce serait nécessairement construire une théorie du peuple[2].

---

1. Ernesto Laclau, *La Raison populiste*, Paris, Seuil, 2008, p. 16.

2. Autrement dit, les auteurs ou les militants qui critiquent la catégorie de populisme mais qui maintiennent l'idée selon laquelle il faudrait produire des récits politiques au-delà des identifications sociales dans leur dispersion,

Mais Laclau ajoute aussitôt – et c'est là que l'on voit le lien intrinsèque dans notre modernité entre pensée politique et pensée par fiction – qu'il a parfaitement conscience que cet univers qui se constituerait en excès par rapport au monde social est, par définition, *vide*.

Laclau le reconnaît : la subjectivité politique, la communauté, la citoyenneté, le peuple n'existent pas. Ces notions représentent des fictions idéologiques, des abstractions par rapport à la réalité des groupes sociaux et des individus. Il y a des identités sociales, des pouvoirs qui s'exercent, des systèmes de domination. Il y a des classes sociales, des minorités, des fractions. Mais il n'y a rien au-delà. Il n'y a pas de corps politique, il n'y a pas de citoyen, il n'y a pas de communauté. Nous ne sommes pas quelque chose d'autre que ce que nous sommes. Nous ne sommes pas des citoyens qui formeraient une communauté ou un corps politique. Laclau affirme pourtant qu'il serait inéluctable d'invoquer ces concepts. Tout se passe comme si la politique était ce domaine de notre existence auquel nous ne pourrions nous rapporter qu'à l'aide de fictions dont nous savons le caractère fictionnel.

La philosophie politique devient donc chez Laclau (comme chez les autres philosophes politiques) une sorte de méditation sur des entités qui n'existent pas – qu'il appelle des signifiants vides. Il écrit : « L'identification avec un signifiant vide est la condition *sine qua non* de l'émergence d'un peuple[1]. » Ou encore : « La construction d'un peuple est la condition *sine qua non* du

---

et ce, afin de donner une cohérence aux luttes, partagent le même paradigme que Laclau et Mouffe.

1. Ernesto Laclau, *La Raison populiste*, *op. cit.*, p. 191.

fonctionnement démocratique. Sans production de vide, il n'y a pas de peuple, pas de populisme, mais pas de démocratie non plus[1]. » Ou enfin : « La démocratie n'est fondée que sur l'existence d'un sujet démocratique dont l'émergence dépend de l'articulation horizontale entre des demandes équivalentielles. Un ensemble de demandes équivalentielles articulées par un signifiant vide est ce qui constitue le peuple[2]. » Un chapitre de son ouvrage s'intitule « Le peuple et la production discursive du vide. » Or si l'on dit qu'il n'y a pas de « politique » ni de « démocratie » sans « signifiants vides », cela ne devrait-il pas conduire, plutôt que s'obliger de penser aux rôles des « signifiants vides », à reconnaître que la « politique » et la « démocratie » n'existent pas ? Ne se condamne-t-on pas sinon à appeler « théorie politique » un discours qui reproduit les formes mythifiées de présentation du réel plutôt qu'une pratique qui essaie d'objectiver les phénomènes sociaux ?

## *Identités*

On peut d'abord se demander pourquoi la politique devrait consister à créer quelque chose comme « un peuple » ? Pourquoi faudrait-il que nous nous identifiions comme citoyen au-delà de nos appartenances sociales comme c'est l'hypothèse fondatrice de l'idée de populisme de gauche ? Pourquoi Laclau, tout en insistant sur l'hétérogénéité des demandes sociales et l'impossibilité de les ramener à une substance commune, considère-t-il

1. *Ibid.*, p. 199.
2. *Ibid.*, p. 201.

néanmoins impératif d'imaginer un moyen de les articuler – quand bien même ce moyen s'appellerait « le vide » ?

Dans *Pour un populisme de gauche*, Chantal Mouffe affirme elle aussi que les demandes singulières doivent s'inscrire dans une « chaîne d'équivalence » qui les articule à d'autres demandes dans un horizon collectif pour « acquérir leur signification politique ». Tout sujet qui proteste ne serait pas un sujet politique. Être un sujet politique, ce serait se subjectiver comme citoyen qui intervient au niveau de la communauté politique au-delà de ses appartenances situées[1].

Cette conception se fonde sur un acte, paradoxal pour une théorie politique, de *dépolitisation* des luttes concrètes et des identités sociales telles qu'elles émergent dans la réalité. Si l'au-delà est vide, pourquoi réserver le terme « politique » aux identifications fictionnelles ? Ne devrait-on pas à l'inverse affirmer que la politique se réduit au moment où les individus se constituent tels qu'ils sont, en regard des effets de pouvoir qui s'appliquent à eux. Être un sujet politique, ce ne serait pas chercher à être autre chose que ce que l'on est, ce serait plutôt se subjectiver dans sa singularité (comme gay, musulman, noir, juif, personne handicapée, prisonnier, ouvrier, femme…) en regard des oppressions subies et affronter ces systèmes de pouvoir contre celles et ceux qui se mobilisent pour les maintenir. Le principe de la mobilisation des dominés n'est-il pas d'affirmer des intérêts particuliers, de rendre visibles des situations spécifiques, de revendiquer ? Les sujets-en-lutte ne veulent pas passer

1. Chantal Mouffe, *Pour un populisme de gauche*, Paris, Albin Michel, 2018, p. 93-100.

du statut d'acteur social à celui de citoyen au sein d'un peuple : ils veulent fracturer le monde, point. Lorsqu'ils se mobilisent, les individus qui vivent des expériences de persécution veulent dire que quelque chose ne va pas. La politique ne consiste pas à devenir autre chose que ce que l'on est au sein d'une entité plus générale. Mais accepter une telle définition demande d'assumer le chaos et la complexité dans lesquels nous vivons et de forger un concept de politique immanent à ce qui apparaît dans le champ social, c'est-à-dire de réduire le concept de politique à ceux de pouvoir et de contre-pouvoir[1].

## *Voter*

Alors que Laclau et Mouffe entendent proposer une « théorie politique », leur construction qui situe la politique au-delà des forces sociales réelles empêche de produire un savoir sur le champ politique, ses dynamiques, son fonctionnement. On le voit par exemple à propos du vote et de l'interprétation de l'acte de voter. Dans *L'Illusion du consensus*, Chantal Mouffe mentionne les analyses d'Elias Canetti sur le vote et la guerre dans *Masse et puissance*[2]. Canetti inscrit les procédures électorales dans une réflexion sur la lutte. Il y aurait, lorsque des groupes s'opposent, deux formes possibles de résolution du conflit : l'un par la mort, l'autre par la règle de majorité. Personne, dit Canetti, ne croit aux fictions de

1. Voir mon article « The Concepts of Revolution » dans Thomas Telios et Dieter Thomä (dir.), *The Past, Present and Future of the Russian Revolution: Political Memory, History and the Next Revolution*, Basingstoke, Palgrave Macmillan, 2019.

2. Chantal Mouffe, *L'Illusion du consensus*, Paris, Albin Michel, 2016.

la théorie politique et du discours politique. Personne ne croit que ce soit le plus sage qui l'emporte lors d'un vote. Personne ne croit que ce soit la « volonté générale », celle que chacun veut en tant que citoyen, qui triomphe. L'emporte seulement le groupe numériquement le plus nombreux. Le vote n'annule en rien le fonctionnement du monde. Il ne se situe pas, par rapport aux logiques qui s'y déploient, dans une situation de supériorité. Il est pleinement immergé dans les luttes entre groupes.

Le vote est un instrument d'interruption des conflits qui se fonde sur une renonciation partagée à la guerre civile et au fait de tuer l'autre. Perdre une élection, c'est s'avouer vaincu. Ce qui s'appelle la Loi ne s'impose pas en vertu d'une rationalité et d'un fondement plus hauts. C'est la volonté d'un autre doté d'un poids numérique plus grand. Le fait d'y céder n'est pas un acte de reconnaissance. Nous y sommes contraints et forcés. Autrement dit, notre rapport à la Loi n'est pas un rapport de reconnaissance et d'obéissance mais de domination et de contrainte.

Chantal Mouffe utilise cette réflexion pour en déduire une forme d'éloge du régime démocratique, qui permettrait d'organiser le passage de la guerre civile à la politique, ou, dans son vocabulaire, de l'antagonisme à l'agonisme : la démocratie serait ce régime qui permettrait de gérer et de régler par des procédures des conflits qui n'ont pas de résolution rationnelle possible et qui se résoudraient, sinon, par la guerre civile et la mort de l'autre. Nous ne faisons plus la guerre lorsque nous perdons, nous prenons acte de notre échec et nous nous soumettons étant donné l'existence d'un appareil répressif d'État[1].

1. *Ibid.*, p. 37-39.

Mais je me demande si l'on ne devrait pas faire un usage différent de cette théorie. Il semble même que, à bien des égards, en citant et se réclamant de ce passage, Mouffe fait place dans son travail à quelque chose dont la logique devrait conduire plutôt à mettre en question la tentative de fonder une théorie politique sous la forme d'une théorie du peuple et de la démocratie.

Si l'on dit que la différence entre le vote et la guerre est technique, qu'il s'agit de deux modes de résolution des conflits et rien de plus, peut-on produire une lecture politique et non sociologique des opérations politiques ?

Le vote est l'instrument à travers lequel un groupe impose sa volonté à un autre[1]. Il y a une violence du vote et une violence sociale de l'acte de voter. C'est une action qui consiste à utiliser des institutions d'État – et donc aussi la police – pour imposer sa volonté aux autres ou au cours de laquelle, si nous perdons, nous nous voyons soumis à la volonté des autres. Autrement dit, voter est un moment de guerre sociale : « Nous votons en violents », disait Merleau-Ponty, et si « nous ne l'emportons pas, déjà nous pensons à la revanche ».

Comme le montre Didier Eribon dans *Retour à Reims* à propos du basculement vers le vote à l'extrême droite de larges fractions des classes populaires, comprendre ce qui se passe lors d'un scrutin demande d'appréhender la dimension sociale de l'acte de voter : exister et se mobiliser comme groupe. Il faut restituer qui vote au détriment de qui, qui impose quoi à qui, quel rapport social se reproduit, quel groupe est parvenu à se mobiliser

1. Ce qui fait que l'on ne voit pas pourquoi il serait en droit plus légitime que d'autres formes de conquête de l'appareil d'État.

pour étatiser sa volonté, quel groupe se sert du vote dans quel but. Le vote est un instrument. Il est là, c'est une technique. Et les groupes sociaux l'utilisent, le manient, le manipulent dans le cadre de la guerre qu'ils se mènent les uns aux autres. À l'inverse, si nous codons l'acte de voter et la procédure électorale à travers des signifiants vides, si nous pensons la politique comme « formation d'un peuple » au-delà des identités sociales, nous organisons notre cécité à ce qui se joue – puisque ce qui se joue, précisément, c'est l'imposition d'une volonté particulière à une autre, la domination de groupes dotés d'intérêts contre d'autres groupes dotés d'autres intérêts.

*Fonctions sociales*

Le raisonnement qui vaut ici pour le vote permet en fait de dégager un biais constitutif à toute approche qui s'inscrit dans l'épistémè politique. À partir du moment où il y a dans une société des clivages et des conflits, des individus et des groupes en lutte, les institutions révèlent leur nature véritable lorsqu'elles sont inscrites dans les antagonismes sociaux : comment agissent-elles ? En faveur de qui ? En quoi sont-elles essentielles dans la perpétuation ou la contestation des rapports de domination ? Une théorie politique qui ne part pas d'une compréhension sociologique du monde se condamne à s'adosser à une image des institutions qui ne renverra pas à leur réalité mais seulement à leur image officielle, et elle sera structurellement biaisée.

C'est particulièrement frappant par exemple dans la *Théorie de la justice* de John Rawls. Il consacre un paragraphe à la question de la peine. Il affirme que dans une société juste et bien ordonnée comme il la formalise, il doit certes y avoir un système pénal, mais que comme les acteurs reconnaissent la validité des lois, les peines n'ont pas besoin d'être sévères – et même, au fond, elles ne seront pas appliquées[1]. Or un tel passage est basiquement fondé sur l'idée selon laquelle la peine sert à punir les délits ou les crimes et à prévenir leur commission, alors qu'une telle représentation est démentie par les théories sociales de l'appareil répressif d'État, qui ont mis en évidence les fonctions sociales, raciales, politiques de la pénalité – comme Michel Foucault qui montre que la fonction du système carcéral n'est pas de « punir » et de « redresser », mais de produire de la récidive et un milieu délinquant, ou Michelle Alexander qui décrit de quelle façon l'appareil répressif et l'incarcération de masse aux États-Unis forment un système de contrôle racialisé qui fonctionne d'une façon semblable à la ségrégation. (Sans doute ne peut-on pas reprocher à Rawls de ne pas avoir lu d'auteurs qui ont publié après lui, mais la réflexion sur la fonction sociale de la peine ne date pas des années 1970 comme en témoignent les écrits de Durkheim ou de Rusche et Kirchheimer pour ne mentionner qu'eux.) On retrouve exactement le même problème à propos des campagnes électorales et du vote : Rawls présuppose que ces moments servent à la sélection des conceptions politiques les plus raisonnables[2]. Mais là encore, une telle présupposition ne peut être énoncée qu'au détriment de tout ce que montre la réflexion sociologique sur le vote, les campagnes électorales, les médias, les partis…

1. John Rawls, *Théorie de la justice*, Paris, Seuil, 1997, p. 276-277.
2. John Rawls, *Libéralisme politique*, *op. cit.*, p. 276.

Fonder un raisonnement sur le fait que le vote servirait à opérer des sélections entre les conceptions politiques ou que la peine servirait à « punir » les délinquants alors que ces techniques sociales ne servent pas à cela, c'est s'interdire la possibilité d'énoncer des analyses valables d'un point de vue descriptif ou critique. C'est parler d'institutions, s'interroger sur la nécessité d'y recourir ou de les transformer en ignorant tout de leur rôle et de leur réalité. Les raisonnements qui autonomisent la politique du social sont fondés sur un idéalisme naïf qui privilégie l'image des institutions au détriment d'une connaissance de leur logique réelle. Loin de nous donner des instruments pour comprendre le monde ou pour le transformer, ils participent en fait de la reproduction de la vision mythologique du monde et des formes de la mystification politique.

# 4

## QUAND UN GROUPE DIT « NOUS LE PEUPLE »

Dans son livre *Rassemblement*, qui porte sur les mobilisations et l'apparition dans l'espace public, Judith Butler consacre un article à la question de l'invocation : « Nous le peuple[1]. » Il est vrai que, très souvent, cette invocation est utilisée dans des mouvements sociaux et politiques qui entendent contester les décisions ou le fondement d'un gouvernement. Lorsque nous manifestons, lorsqu'il y a une prise de parole au cours d'une assemblée générale ou après un rassemblement, il n'est pas rare que la catégorie inclusive et totalisante de « peuple », de « nous », soit utilisée pour désigner ce que nous sommes ou ce que nous voudrions incarner.

Quelle position adopter par rapport aux mouvements qui font de telles proclamations ? Comment appréhender leur nature et leur fonctionnement ? Quelle est la signification d'une telle invocation ?

Le texte de Butler offre une illustration des types de perception auxquels conduit la ratification des catégories spontanées de la pratique politique. Car Judith

1. « Nous le peuple », dans Judith Butler, *Rassemblement. Pluralité, performativité et politique*, Paris, Fayard, 2016.

Butler ne va pas récuser la pertinence de la catégorie de « peuple » et de cette invocation. Elle va, bien sûr, insister sur le fait que l'entité « peuple » ne saurait être prédéterminée. Ce n'est pas une catégorie dont la réalité serait préconstituée et qui s'imposerait aux acteurs. Le peuple n'est pas un donné et la politique ne consiste pas à organiser la vie d'une entité collective dont les frontières seraient suitées en dehors de la politique. Le peuple est une construction politique. C'est quelque chose que l'on fait advenir – et donc, c'est un enjeu de lutte : « Le peuple n'est pas une population donnée. Il est constitué par des lignes de démarcation que nous établissons[1]. » Judith Butler utilise le verbe « constitué ». Elle dit bien également « que nous établissons ». En d'autres termes, elle considère la catégorie de peuple non pas comme une fiction, mais comme une entité qui peut être dotée de réalité. La question que posent les rassemblements serait dès lors de savoir *comment se constitue un peuple à travers eux.*

À partir du moment où Judith Butler accepte une catégorie comme « peuple », elle est logiquement conduite à ratifier toutes les perceptions traditionnelles propres à la philosophie politique et la conceptualité à laquelle elle s'adosse : Nous, souveraineté populaire, constitution, légitimité... Comment perçoit-elle alors un rassemblement ? Ce serait un moment où s'autoconstitue une volonté populaire, où une souveraineté populaire se construit en se séparant de la souveraineté étatique, instaurant une crise de légitimité : lorsque des gens se rassemblent, lorsqu'ils chantent des slogans, lorsqu'ils

1. *Ibid.*, p. 10.

disent « nous le peuple », ils feraient vivre des « actes d'autofabrication ou d'autoconstitution » d'un peuple[1]. Par ces actes, ils peuvent inaugurer un changement révolutionnaire en retirant la souveraineté populaire de l'État. Judith Butler écrit : « L'invocation du "nous" sépare la souveraineté populaire de la souveraineté étatique, elle nomme et inaugure régulièrement cette séparation. La pluralité rompt toujours avec les personnes qui sont élues, ou dont nous pouvons questionner l'élection, ou en relation avec un État dont nous n'avons jamais pu choisir d'élire les représentants, comme c'est évidemment le cas dans une situation d'occupation, pour les sans-papiers, pour les citoyens partiels et pour les non-citoyens[2]. »

Les rassemblements qui disent « Nous le peuple » ne représentent pas un peuple préexistant : le peuple est immanent au rassemblement qui se constitue en son nom. Judith Butler insiste également sur le fait qu'il y a toujours un écart entre le nous invoqué au cours d'un rassemblement et le nous constitué. Le peuple est une catégorie toujours inadéquate à elle-même : « L'invocation discursive du "nous" se réfère à un peuple dont les besoins, les désirs et les demandes ne sont pas encore totalement connus, et dont le rassemblement est lié à un futur qui doit encore être vécu[3]. »

Mais malgré ces précautions, Butler maintient que les rassemblements font advenir quelque chose qui s'appelle « le peuple » à travers et par le rassemblement lui-même.

1. *Ibid.*, p. 211.
2. *Ibid.*, p. 212.
3. *Ibid.*, p. 211.

Un rassemblement est un moment où se constitue un peuple et cette souveraineté populaire naissante détient la possibilité de défaire l'État dont la légitimité repose sur la souveraineté populaire : « Le performatif vocalisé "nous le peuple" fait certainement partie de la mise en acte que nous appelons autoconstitution[1]. » Cette autoconstitution du peuple est un acte doté d'une irréductibilité par rapport à l'État : « La souveraineté populaire n'a de sens que dans cet acte de perpétuelle séparation d'avec la souveraineté étatique. Elle est donc un moyen de former un peuple à travers des actes d'autodésignation et d'autorassemblement qui sont des mises en actes répétées verbales et non verbales[2]. »

Le fait que Judith Butler inscrive sa pensée dans le dispositif de la philosophie politique la conduit à accepter la définition officielle que les institutions se donnent d'elles-mêmes. Elle présente les élections comme un moment de transfert de la souveraineté populaire à des représentants, transfert néanmoins partiel puisque le principe de la souveraineté reste entre les mains du peuple, qui peut la faire jouer contre les gouvernements élus : « Si les élections sont le moyen par lequel les membres des gouvernements sont censés représenter la souveraineté populaire (ou, plus spécifiquement, la volonté populaire), la signification de la souveraineté populaire n'est jamais totalement épuisée par l'acte de voter[3]. » Butler approuve également le concept de souveraineté populaire et la définition de la démocratie comme

1. *Ibid.*, p. 212-213.
2. *Ibid.*, p. 212.
3. *Ibid.*, p. 202.

gouvernement du peuple par lui-même, comme régime fondé sur la souveraineté du peuple : « Les conditions du système démocratique reposent sur un exercice de la souveraineté populaire[1] » ou encore « la souveraineté peut être un moyen de décrire un acte d'autodétermination politique », va-t-elle jusqu'à affirmer[2].

## *Reste*

L'argument que Judith Butler tire de cette présentation est que la souveraineté n'est « jamais contenue dans aucun ordre[3] » – autrement dit, que les « élections ne transfèrent pas totalement la souveraineté de la population à ses représentants élus[4] ». Dès lors, la démocratie doit en permanence gérer une tension : les institutions parlementaires auraient besoin de la souveraineté populaire pour se légitimer, mais elles la redoutent aussi car elle excède le Parlement, le dépasse et peut en permanence surgir pour le défaire : « Si les formes parlementaires de pouvoir ont besoin de la souveraineté populaire pour asseoir leur légitimité, elles la redoutent également, car il y a dans la souveraineté populaire quelque chose qui contrarie, excède ou dépasse les formes parlementaires qu'elle fonde et qu'elle institue. Un régime élu peut être suspendu ou même vaincu par un rassemblement de personnes qui parlent "au nom du peuple", mettant en acte le "nous" qui détient, dans les conditions

1. *Ibid.*, p. 203.
2. *Ibid.*, p. 202.
3. *Ibid.*
4. *Ibid.*

du système démocratique, le pouvoir légitimant ultime. Autrement dit, les conditions du système démocratique reposent en définitive sur un exercice de la souveraineté populaire, laquelle n'est jamais totalement contenue ou exprimée par aucun ordre démocratique, mais qui est la condition du caractère démocratique de celui-ci[1]. »

La conséquence de cette analyse est qu'il existe une dimension problématique, car antidémocratique, dans les formes étatiques de régulation des formes publiques de rassemblement et de manifestation. Lorsque l'expression de la souveraineté populaire est pré-délimitée par l'État, cela menace la démocratie puisque la souveraineté populaire doit pouvoir contester l'État. Judith Butler utilise les catégories traditionnelles de la théorie politique pour en faire un usage dissident : il s'agit de mettre en question les normes du contrôle de l'apparition publique des corps rassemblés. Ces normes et ces régulations empêchent l'irruption inattendue et déstabilisatrice de mouvements alors que ces mouvements contiennent, par définition, la souveraineté populaire et donc devraient pouvoir défaire l'État et les normes qu'il impose quand ils le veulent. « Tant que l'État contrôle les conditions de la liberté de rassemblement, la souveraineté populaire est un instrument de la souveraineté étatique, et les conditions de légitimation de l'État disparaissent dès que la liberté de rassemblement est dépouillée de ses fonctions critiques et démocratiques[2]. »

Ce raisonnement pour penser l'État, la manifestation, le vote, la démocratie semble cohérent – ça marche. Mais peut-être que « ça marche » parce que ce raisonnement

1. *Ibid.*, p. 203.
2. *Ibid.*, p. 204.

déroule un système de catégories mythologiques bien ordonnées et préalablement constituées. L'analytique ici employée ne décrit pas la vérité de ce qu'est un rassemblement, de l'État, de ce que veut dire être gouverné, de ce que voter signifie, de ce qu'est une assemblée élue. Dans le moment même où ce récit dit : « je décris », il reprend en fait la représentation que, dans les régimes dits démocratiques, les institutions et les mouvements sociaux se donnent d'eux-mêmes. On a donc ici affaire à un redoublement, dans le domaine de la théorie, des idéologies politiques et pas à une analyse qui pourrait en énoncer la vérité objective. En utilisant les idées abstraites de souveraineté populaire, de peuple, de fondement, de Nous, pour construire des narrations de ce qui se passe, Judith Butler reproduit des formes mythifiées de rapport à la politique et aux institutions de la démocratie.

## *Tensions*

Il est évidemment important de réfléchir sur les modalités contemporaines de contrôle et de limitation de la manifestation et de l'occupation de l'espace public. Le surgissement de ces nouvelles formes de mobilisation que sont le black bloc ou le cortège de tête s'inscrivent dans cette optique : elles expriment la nécessité vécue par de nombreux individus de reprendre du pouvoir sur l'espace public et de mener une forme de guérilla urbaine afin d'inverser les rôles et de signifier que les manifestants ne sauraient accepter la pré-délimitation policière de l'espace public[1].

1. Mark Bray, *Antifa*, New York, Melville House Publishing, 2017. Francis Dupuis-Déri, *Les Black blocs*, Montréal, Lux Éditeur, 2016.

Mais a-t-on besoin des catégories de la théorie politique pour formuler de tels constats ? Judith Butler affirme que le rassemblement est un moment où la souveraineté populaire s'autoconstitue à travers des actes verbaux et non verbaux. Mais ce qui devrait définir le regard analytique, ce serait plutôt de porter attention au fait que celles et ceux qui manifestent et qui disent « nous le peuple » sont toujours une toute petite minorité de la population. Jamais « le peuple » n'est présent dans ces rassemblements qui disent « nous le peuple ». Certaines personnes ne peuvent pas venir, d'autres ne veulent pas, d'autres sont empêchées, d'autres ne sont pas d'accord, d'autres encore ne sont même pas au courant, d'autres regardent ça de loin, d'autres sont en prison... Il y a une multiplicité d'individus qui ne sont pas là ni ne se reconnaissent dans celles et ceux qui disent « nous le peuple ».

Or, plutôt que de récuser l'utilisation de cette catégorie, de dire que ceux qui l'invoquent mentent aux autres et se mentent à eux-mêmes, Judith Butler la conserve en affirmant que la caractéristique des rassemblements démocratiques serait que le peuple n'existe qu'en excès par rapport à ce qui est censé le mettre en acte et l'incarner. Autrement dit, le fait que le peuple n'est jamais là n'est pas utilisé comme preuve que c'est une catégorie fictive. Ce fait devient resignifié comme marque distinctive de la mobilisation démocratique, désormais présentée comme mise en acte de quelque chose qui n'existe qu'en excès avec sa mise en acte : « La sphère de la performativité politique inclut et excède les énonciations écrites et verbales. Je cherche à m'inspirer ici d'une formule importante de Jason Frank, les "moments constitutifs", dans lesquels la mise en acte du peuple excède sa représentation : de son point de vue, le peuple doit être mis en acte pour être représenté, et pourtant aucune mise en acte ne peut réussir à le représenter. Cette dissonance entre mise en acte et représentation est à ses yeux un des grands paradoxes des rassemblements démocratiques[1]. »

Mais l'écart entre « mise en acte » et « représentation » constitue-t-il un paradoxe ? En fait, nous retrouvons ici un geste analogue à celui que nous avons déjà vu chez Agamben : les notions d'écart, de tension, de paradoxe servent à sauver la fiction à laquelle s'articule l'ensemble de la démonstration (le peuple) en définissant ce qui est par sa différence avec elle au lieu d'y renoncer et de forger des instruments pour saisir le réel dans sa positivité.

## *Voix absentes*

Sans doute ne faut-il pas trop penser à partir de sentiments, mais il n'est pas nécessairement utile de taire ces éléments : j'ai toujours été très frappé par les images que l'on peut voir à la télévision à propos de pays où sont en train de se produire des épisodes révolutionnaires. On parle d'agitation, d'insurrection, de crise de régime. Mais systématiquement, à part quelques endroits agités où il peut y avoir des mouvements, de la tension, le reste est calme, la vie continue : le marché, l'école, le travail, etc. Et par conséquent, ceux-là, les plus nombreux, vivent un rapport à la politique qui se distingue totalement

1. Judith Butler, *Rassemblement*, *op. cit.*, p. 204.

de celui que vivent celles et ceux qui sont en train de conquérir l'appareil d'État ou de s'en faire expulser et sur lesquels se concentre l'attention publique – et ensuite la théorie politique. Ceux-là, quelle est leur vie politique ? Quelle est leur expérience de la Loi ? La théorie politique oublie toujours toutes celles et tous ceux qui ne sont jamais là, qui ne disent et ne font rien, qui ne votent pas, qui ne manifestent pas, qui sont juste là. Que voudrait dire élaborer une théorie politique à partir de ce que Didier Eribon appelle les « voix absentes », des minorités exclues et non advenues à l'existence publique, mais aussi de ce que l'on appelle parfois la majorité silencieuse ? La politique n'est-elle pas un domaine paradoxal où un petit nombre de personnes agissent et sont représentées dans la théorie ?

La captation des faits qui se livrent à nous comme « politiques » à l'aide de catégories dites « politiques » conduit à doter d'une réalité homogène ce qui relève de l'action de groupes particuliers. Si, à l'inverse, on se demande « qui n'est pas là » et donc « qui est là », qui cherche à s'imposer à qui, qui veut imposer quoi à qui, on est conduit à transformer notre perception d'une manifestation non pas comme un moment où un peuple se constitue, mais où certains individus et groupes se mobilisent pour s'approprier l'appareil d'État au détriment d'autres individus ou d'autres groupes afin de leur imposer, via la police, leur volonté. Une théorie lucide doit prendre en considération les voix absentes afin de rendre impossible l'usage de toute invocation généralisante et de tout concept totalisant. Quand des acteurs disent « nous sommes le peuple », il faut se demander de quels privilèges sociaux ils bénéficient pour pouvoir imaginer que c'est « le peuple tout entier » qui agit à travers eux. En présentant comme action de l'ensemble, ou comme moment de formation de l'ensemble, des moments de luttes entre des fractions sociales condamnées à cohabiter, la théorie traditionnelle interdit d'objectiver la réalité et permet d'échapper à une pensée du conflit et à ce que veut dire agir dans un monde d'antagonismes.

# 5

# DE LA PERFORMATIVITÉ À LA FICTION

L'appréhension des faits politiques à l'aide de catégories totalisantes qui empêchent d'en saisir la réalité n'est pas seulement une conséquence de la ratification des formes traditionnelles de pensée. Elle s'explique aussi beaucoup par le recours spontané et devenu quasi rituel dans la théorie critique à la notion de performativité, c'est-à-dire par notre tendance à accepter comme une évidence que les discours créent ce qu'ils énoncent.

Évidemment il existe des opérations discursives qui produisent du réel – par exemple quand un juge condamne à de la prison ou quand un officier d'état civil marie deux personnes, pour reprendre des exemples classiques. Mais ce n'est pas toujours vrai. Très souvent, on recourt à la théorie de la performativité par habitude, ce qui amène à ratifier dans l'analyse les récits que le pouvoir donne de ses opérations.

L'utilisation faite de l'idée de performativité conduit souvent à reconstituer *ex post* ce que la théorie traditionnelle situait *ex ante*. Les auteurs qui s'en réclament commencent par prendre une distance avec les discours qui invoquent des catégories totalisantes (comme celle de « peuple ») comme si elles renvoyaient à des réalités. Mais au lieu de s'engager dans une pratique objectivante qui suppose la renonciation à l'usage de ces catégories, ils vont affirmer que ces abstractions peuvent néanmoins être considérées comme des entités produites par le discours. D'apparence critique, la notion de performativité finit alors par permettre la conservation des catégories traditionnelles et des visions qu'elles propagent. Il est temps de faire un retour critique sur la notion de performativité.

### *Déclaration d'indépendance*

Dans *Otobiographies*, Jacques Derrida consacre un texte à la Déclaration d'indépendance américaine. Derrida s'intéresse dans ce texte à la question de la signature et de l'énonciation : qui signe la Déclaration d'indépendance ? Qui déclare « nous sommes indépendants » ? Comment fonctionne une déclaration qui fonde une institution politique ?

Réfléchir sur le fondement et l'origine des institutions politiques demande, dit Derrida, de déployer une problématique « des "speech acts", une théorie de l'écriture "performative", de la signature, du contrat, du nom propre[1] ». Il y a en effet tout un jeu de paradoxes à l'œuvre dans le geste de l'écriture, de la signature et de la proclamation de ce qui se présente comme une déclaration d'indépendance. Ceux qui écrivent la déclaration, ce sont les « représentants du peuple », qui invoquent avoir délégation ou procuration de signature du peuple… Mais l'opération est ici éminemment problématique : si, en droit, le signataire, c'est le peuple, en réalité, ce peuple des États-Unis serait

1. Jacques Derrida, *Otobiographies*, Paris, Galilée, 1984, p. 15.

un produit de la Déclaration d'indépendance, qui le ferait advenir au moment même où elle est déclarée.

Derrida n'accepte pas la narration que l'on trouve dans la philosophie traditionnelle et chez certains historiens naïfs en vertu de laquelle ce serait le peuple qui, lors des processus révolutionnaires, déclarerait son indépendance, se soulèverait et inaugurerait par là un processus révolutionnaire. Il n'y a pas une entité préalable et préconstituée, qui s'appellerait « le peuple », qui déclarerait son indépendance. Mais déconstruire ce récit en abordant cette séquence à travers une théorie de la performativité va le conduire à dire que c'est la déclaration d'indépendance elle-même qui construit le peuple. En d'autres termes, la théorie de la performativité permet à Derrida de conjurer les effets dévastateurs d'une théorie radicalement antifondationnaliste en reconstituant une sorte de fondement *ex post*, de fondement qui vient après, qui rassure, qui reconstruit, qui sauve à tout prix la catégorie de « peuple ».

Derrida écrit : « Le "nous" de la Déclaration parle au nom du peuple. Or ce peuple n'existe pas. Il n'existe pas avant cette déclaration, pas comme tel. […] Il n'y avait pas de signataire, en droit, avant le texte de la Déclaration qui reste lui-même le producteur et le garant de sa propre signature[1]. »

La Déclaration d'indépendance constate et produit dans le même temps le « peuple des États-Unis » qui dit « Nous le peuple ». Nous sommes donc ici en présence

1. *Ibid.*, p. 21-23. On trouve le même motif du performatif comme tactique rhétorique qui permet de faire fonctionner du constatif *ex post* dans *Force de loi*, Paris, Galilée, 1994.

non pas d'un constatif selon Derrida, mais d'une forme d'usurpation très particulière qui prend la forme d'un performatif, d'un *speech act*.

Il y aurait quelque chose du fabuleux dans la constitution des institutions politiques : « La signature invente le signataire. Celui-ci ne peut s'autoriser à signer qu'une fois parvenu au bout, si on peut dire, de sa signature et dans une sorte de rétroactivité fabuleuse. Sa première signature l'autorise à signer. Cela se produit tous les jours mais c'est fabuleux et je pense chaque fois, en évoquant ce type d'événement, à la Fable de Francis Ponge : "Par le mot par commence donc ce texte. Dont la première ligne dit la vérité..." En signant, le peuple dit – et fait ce qu'il dit faire, mais en le différant par le truchement de ses représentants dont la représentativité n'est pleinement légitimée que par la signature, donc après coup : désormais j'ai le droit de signer, en vérité je l'aurai déjà eu puisque j'ai pu me le donner. Je me serai donné un nom et un "pouvoir", entendu au sens de pouvoir-signer par délégation de signature[1]. »

Ce sont évidemment là de très belles analyses – peut-être trop belles ou, en tout cas, peut-être sacrifient-elles trop à des plaisirs d'écriture pour être honnêtes. Car que se passe-t-il dans l'analyse de Derrida sinon une reconstitution tacite de tous les mythes de la philosophie politique et une ratification de toutes les catégories d'analyse de cette discursivité, mais avec cette spécificité qu'elle situe, grâce à une théorie de la performativité, la genèse

1. *Ibid.*, p. 22-23. Voir sur ce point : Romildo Gomes Pinheiro, « Déclarations d'indépendance : le problème de la fonction du pouvoir chez Arendt, Derrida et Négri », *Kínesis* (Marília), vol. 6, p. 97-131, 2014.

et le début de l'opérativité des catégories après coup plutôt qu'avant ? Toute théorie de la performativité est fondée sur une sorte de légitimisme qui reconnaît aux institutions, aux autorités, aux « officiels » cet étrange pouvoir de créer ce qu'ils disent créer, de faire ce qu'ils disent faire. Il y a une tendance à confondre ce que l'État dit qu'il se passe et ce qu'il se passe.

### *Substituer une théorie de la fiction à une théorie de la performativité*

La contribution de la théorie de la performativité à la reconstitution subreptice des abstractions et des essences ne se produit pas seulement dans la théorie politique mais aussi dans la théorie sociale. Autrement dit, l'interrogation à l'égard des usages de la notion de performativité ne se limite pas au champ de la réflexion politique mais concerne plus généralement la sociologie des collectifs et des classes, et notamment la sociologie de Pierre Bourdieu.

Bourdieu a réfléchi en effet sur la question des groupes, de l'identité et de la représentation afin de libérer la sociologie de l'objectivisme, qui présuppose que ceux-ci existent à l'état réel dans le monde. Dans l'espace social, les groupes sont des réalités potentielles, à faire – et ils sont constitués notamment par des opérations discursives, par exemple à travers l'action de porte-parole.

Dans deux articles importants, « La délégation et le fétichisme politique » et « L'identité et la représentation », Bourdieu recourt à une théorie de la performativité pour appréhender la logique de la formation des groupes[1] : malgré ce que prétend le porte-parole, ce n'est pas le groupe qui lui donne son autorité. C'est le porte-parole qui construit le groupe par sa prise de parole et par l'invocation du groupe. Bourdieu utilise alors des formules particulièrement proches de celles de Derrida : « Dans le cas limite des groupes dominés, l'acte de symbolisation par lequel se constitue le porte-parole, la constitution du “mouvement”, est contemporain de la constitution du groupe ; le signe fait la chose signifiée, le signifiant s'identifie à la chose signifiée, qui n'existerait pas sans lui, qui se réduit à lui. » On remarque que Bourdieu parle bien de constitution du groupe : le groupe dont on porte la parole n'est pas vu comme une fiction mais comme une réalité construite par le discours qui parle en son nom[2]. Il y a selon Bourdieu une « efficacité du discours performatif » qui contribue à « faire advenir ce qu'il énonce dans l'acte même de l'énoncer » – cette efficacité dépendant de l'autorité de celui qui l'énonce[3].

En fait, Bourdieu hésite. Il sent qu'il y a un problème dans l'idée selon laquelle l'invocation discursive de catégories collectives contribue à la fabrication réelle des groupes invoqués. C'est la raison pour laquelle il laisse parfois place dans son raisonnement à un tout autre vocabulaire, plus lucide et qui est en contradiction avec

1. Pierre Bourdieu, *Langage et pouvoir symbolique*, Paris, Seuil, « Points », 2007, p. 259-281. Voir Claude Gautier, « La représentation chez Pierre Bourdieu : de la délégation comme décision à la délégation comme dépossession – hypothèses de lecture », *Cités*, n° 51, 2012, p. 65-77. URL : https://www.cairn.info/revue-cites-2012-3-page-65.htm

2. *Ibid.*, p. 263.

3. *Ibid.*, p. 286.

la notion de performativité : il va parler d'usurpation. Le porte-parole ne constitue pas de groupe. Cela ne veut pas dire que son invocation ne lui permet pas d'obtenir un poids social qui éventuellement peut aboutir à des transformations objectives pour celles et ceux au nom desquels il prétend parler. Mais en termes réalistes, il est seul. Il usurpe un poids social en invoquant un groupe qui n'existe pas. Bourdieu prend par exemple le président de la Société des agrégés qui intervient « au nom des agrégés » : « On a là un cas d'usurpation typique avec un personnage qui fait croire qu'il a derrière lui un groupe par le fait qu'il peut parler en son nom, en tant que personne morale, sans être démenti par personne[1]. »

Face aux phénomènes d'usurpations fondés sur des pratiques discursives, le rôle de la sociologie devrait être de déconstruire les prétentions des porte-parole et la validité des abstractions qu'ils invoquent pour donner du poids à leur discours (le groupe, leur personnalité morale) plutôt que de collaborer implicitement à cette mystification à travers une théorie de la performativité qui ratifie *in fine* ce que le porte-parole prétend.

Réduire la politique à ce qu'elle est, élaborer une vision lucide de ce qui se passe sur le plan politique amène alors à substituer une théorie de la fiction à une théorie de la performativité. Il me semble en effet plus intéressant de penser les énoncés politiques comme des fictions plutôt que comme des performatifs. Ce n'est pas parce qu'un représentant ou un militant, ou même 10 000 personnes disent « nous le peuple » que cet énoncé crée quelque chose qui s'appellerait le peuple.

1. *Ibid.*, p. 264.

Cet énoncé ne crée rien. C'est une invocation. Cette déclaration se situe dans le registre de l'usurpation et de la fiction. Ce qui signifie que les discours politiques ne doivent pas être pensés comme des *speech acts* mais comme des *speeches* qui, dans la politique, ont cette caractéristique qu'ils s'articulent toujours à de la fiction. La politique est ce domaine étrange où des individus s'opposent, en tant qu'individus, dans leur particularité, en invoquant des signifiants vides. C'est ce registre d'action où les individus agissent toujours au nom des autres, malgré eux, sans eux, en leur absence, en utilisant des désignateurs mensongers…

Quand Judith Butler dit, dans *Rassemblement*, à propos de la formule « Nous le Peuple » qu'invoquent les rassemblements politiques : « Le performatif vocalisé "nous le peuple" fait partie de la mise en acte que nous appelons autoconstitution[1] », il conviendrait de substituer une démarche qui affirmerait : non, c'est une fiction. Et le rôle de la théorie est de découvrir ce qui se passe objectivement malgré les fictions que nous invoquons et de comprendre pourquoi les agents recourent à des fictions pour nommer ce qu'ils font et ce qu'ils sont.

Quand nous sommes 300 à nous rassembler devant l'Assemblée nationale en chantant « nous le peuple », nous ne sommes pas « le peuple » en train de contester les institutions en faisant apparaître une expression dissidente de la « souveraineté populaire ». Nous sommes 300 et qui nous mobilisons en tant qu'acteurs socialement situés même si nous le disons autrement. Mais de la même manière, celles et ceux contre qui nous manifestons ne

1. Judith Butler, *Rassemblement*, *op. cit.*, p. 212-213.

sont pas les « représentants du peuple » au sein d'une institution dont la légitimité proviendrait du transfert de souveraineté accompli au moment du vote. Ils sont 200 – peut-être moins – gouvernants eux aussi socialement situés mais qui sont en position de nous imposer leur volonté en l'appelant Loi. 300 contre 200 : telle est la vérité du rapport politique. Rien de plus. Ce n'est pas « le peuple » contre « la République » ou les « représentants de la souveraineté populaire » – et celles et ceux qui manieraient de telles catégories seraient en fait des usurpateurs ou des complices de formes d'usurpation. Les catégories de la politique interviennent pour masquer cette brutalité, pour transfigurer cette scène et la doter d'une dramaturgie imposante qu'elle ne possède pas.

## *Le statut des abstractions*

Construire une analyse réductionniste de la politique signifie-t-il renoncer à l'usage de toute abstraction ? Si l'on dit que « le peuple » n'existe pas, ou que « la volonté populaire » constitue une notion dénuée de sens en invoquant la multiplicité des comportements, des appartenances sociales ou des intérêts, ne risque-t-on pas de rendre impossible l'usage de catégories abstraites ou de concepts – puisque tout groupe social est par définition divers, éclaté, marqué par des appartenances multiples ?

En fait, il ne s'agit en aucun cas ici de mettre en question la possibilité, et même la nécessité, de mobiliser des abstractions et des modèles. J'ai souvent insisté sur la valeur de la pensée par modèle en ce qu'elle permet de nous décaler par rapport à ce que nous prenons pour la construction évidente de la réalité (dans mon livre *La Dernière Leçon de Michel Foucault* à propos de l'homo œconomicus), et sur la nécessité, contre la tentation ethnographique en sciences sociales, de restaurer une pensée par système (dans *Juger*). Il n'y a pas de réflexion digne de ce nom qui ne procède par catégorisations, par groupements, et par recours aux abstractions.

Mais comme le souligne Maurice Halbwachs[1], insister épistémologiquement sur la pertinence des groupements qui se situent au-delà des individus ne signifie pas que tout regroupement soit doté de pertinence. Il y a des conditions pour pouvoir produire des regroupements et des classements acceptables. Il faut que ceux-ci reposent sur des forces sociales et des critères ontologiques valables. À propos de l'usage de la statistique chez Simiand, Halbwachs souligne par exemple que l'observation statistique n'a de sens que si elle s'applique à des ensembles réels et consistants[2]. Dans son ouvrage sur l'État et le droit sur lequel je reviendrai, le sociologue Léon Duguit propose d'établir une distinction entre différentes formes de catégorisation : tout concept généralisant n'est pas doté de pertinence. Certains ne renvoient à rien, et ce sont alors des fictions, des inventions ; d'autres reposent sur des faits et les éclairent – ce sont des abstractions.

Dès lors, ce sont les questions suivantes qu'il faudrait poser : une catégorie comme « peuple » est-elle une

1. Maurice Halbwachs, « Le problème sociologique des classes », dans *Classes sociales et morphologie*, Paris, Éditions de Minuit, 1972.

2. Voir Maurice Halbwachs, « La méthodologie de François Simiand », dans *Classes sociales et morphologie*, *op. cit.*, p. 376.

abstraction ? Des notions comme « citoyen », « volonté générale », « populaire » ou « souveraineté » permettent-elles de dire quelque chose sur la réalité et d'éclairer des processus qui y sont à l'œuvre ? Si l'on reprend la distinction de Duguit, il est plus pertinent de dire que ce sont des fictions. Ces notions ne sauraient être dotées du même statut qu'un concept comme celui de « classes sociales ». À partir du moment où l'on pose que la politique est un plan fictif – un au-delà vide, une identité dénuée de réalité –, alors les notions généralisantes produites à partir de ce plan le sont aussi : fictives, dénuées de réalité. À l'inverse, comme le plan des interactions et des dominations sociales est réel, les abstractions produites pour désigner les entités qui s'y affrontent sont réelles et pertinentes.

Ainsi, quand le marxisme substitue une analyse des processus révolutionnaires en termes de prise de pouvoir d'une classe sur une autre à une narration qui parle d'une insurrection du « peuple », il substitue bien, pour construire son récit, le concept globalisant de « bourgeoisie » à celui de « peuple ». Mais le concept de bourgeoisie renvoie à des forces réelles (c'est une abstraction) quand celui de « peuple » est une entité mythologique qui soutient une narration mythologique de l'histoire (c'est une fiction). Les rapports politiques étant des rapports sociaux et interindividuels comme les autres, il est légitime d'utiliser des abstractions sociales pour les penser. À l'inverse, comme il n'y a pas d'autonomie de la politique, les abstractions politiques sont illégitimes et relèvent de la fiction. Une abstraction est valable lorsqu'elle n'est pas homogénéisante et qu'elle renvoie à un rapport social concret.

# III

# L'ÉTAT ET LE DROIT COMME VOLONTÉS

Lorsque nous naissons, ou, plus tard, lorsque nous évoluons dans le monde, nous sommes contraints d'avoir affaire à des cadres et des institutions qui sont là et nous précèdent. Nous les subissons ou nous tentons d'agir pour les transformer. Mais dans les deux cas, nous nous emparons de ce qui est, nous y investissons nos intérêts, nous manœuvrons comme nous le faisons avec l'ensemble des autres institutions. Les formes politiques sont comme toutes les formes sociales des instruments, des outils dont les acteurs se servent pour combattre ou accentuer les phénomènes de la domination et faire triompher leur vision du monde.

Cette réduction de la politique à la réalité de son inscription dans le jeu des antagonismes conduit à appréhender autrement que nous ne le faisons d'ordinaire ce qui se livre à nous sous le nom d'« État » ou de « droit ». Si nous voulons parvenir à une description réaliste de notre expérience, la première question que l'on doit se poser est celle-ci : à quoi a-t-on affaire lorsque l'on a affaire à l'État ? À quoi s'affronte-t-on lorsque l'on s'affronte à la Loi ? Les notions d'« État » et de « Loi » renvoient-elles à des réalités ou sont-elles des fictions, des catégorisations substantialistes dont, comme celles de « peuple », de « volonté générale », de « souveraineté », nous devrions nous méfier ?

Nous parlons souvent dans la théorie ou dans le langage courant de l'État, de la volonté d'État, des intérêts d'État, de la logique d'État. En utilisant ce vocabulaire nous rassemblons un ensemble d'actes comme s'ils émanaient d'une entité dotée d'une unité et d'une volonté propre. Mais l'État ne forme-t-il pas un concept aussi abstrait pour appréhender la multitude d'actes accomplis dans un appareil de pouvoir que « le peuple » l'est pour désigner les individus qui sont situés sur un territoire ? La notion d'État ne présente-t-elle pas le défaut d'essentialiser une substance vide ? En l'utilisant, ne court-on pas le risque de perdre de vue la réalité de ce qui se cache non pas derrière l'État mais dans l'État et de vivre ainsi d'une manière mystificatrice la nature de nos relations avec lui ?

# 1

# DÉCIDER

## *États et gouvernants*

Dans son livre *L'État, le droit objectif et la loi positive* publié en 1901, le sociologue Léon Duguit insiste sur le fait qu'une théorie réaliste de l'État doit abandonner les fictions que les juristes notamment, mais aussi les philosophes, utilisent constamment. L'État est très souvent appréhendé comme détenteur d'une volonté propre, comme reflet de quelque chose d'autre que lui-même : la volonté générale, la volonté du législateur, la communauté saisie comme unité rationnelle, la conscience collective. Les juristes parlent sans cesse du législateur ou du juge constitutionnel de manière abstraite et désincarnée pour désigner ce que serait la « volonté de l'État ». Or, Duguit affirme qu'il suffit de regarder la réalité pour éprouver le caractère mythologique de tels désignateurs. Ces abstractions s'évanouissent à la simple observation de la réalité et elles apparaissent au regard sociologique comme de pures et simples fictions[1]. Si l'on regarde l'État tel qu'il est, alors on voit qu'il n'y a pas de personnalité de l'État ou de substance autonome dont l'État serait l'expression. Ce qui agit dans l'État, et donc

1. Léon Duguit, *L'État, le droit objectif et la loi positive*, Paris, Dalloz, 2003, p. 1.

ce qu'il est dans sa vérité, ce sont des individus particuliers : « Il n'y a rien derrière ce qu'on appelle les organes de l'État ; la personnalité de l'État est une pure fiction, il n'y a que les organes, c'est-à-dire des individus qui imposent aux autres individus leurs volonté, et cela sous la sanction de la contrainte matérielle[1]. »

Réduire l'État à sa vérité sociologique impose de renoncer aux formes de nomination qui font comme si les actions qui s'y déploient étaient l'expression d'abstractions situées sur un plan de réalité supérieure (la volonté générale, la conscience collective, la raison du législateur) et en même temps mettre ces actions en relations directes avec celles et ceux qui les décident : « Dans notre pensée, l'État est simplement l'individu ou les individus investis en fait du pouvoir : les gouvernants[2]. »

Duguit substitue à une analyse en termes d'État une analyse en termes de gouvernants. Il présente les actes d'État comme l'expression de volontés particulières, situées, spécifiques : « Volonté une et collective, souveraineté nationale, souveraineté politique de l'État, mots sans valeur, ne servent qu'à voiler la brutalité des faits et l'arbitraire de la force. [...] L'État a toujours été et est toujours une société où des volontés individuelles s'imposent aux autres volontés. Entre l'autorité chancelante et précaire d'un chef de horde sauvage et la puissance d'un gouvernement moderne, il y a une différence de degré, il n'y a point de différence de nature[3]. »

1. *Ibid.*, p. 8.
2. *Ibid.*, p. 259.
3. *Ibid.*, p. 255.

Les intuitions de Duguit sont en rupture directe avec nombre de nos habitudes de pensée. Si nous les prolongeons, nous sommes obligés de transformer notre vocabulaire et donc aussi notre mode d'approche de notre condition politique. Nous sommes conduits à défétichiser la Loi et à cesser de faire comme si ce qu'elle exprimait changeait de nature quand elle est promulguée. Si l'on réduit la Loi à ce qu'elle est, si l'on détruit les fictions d'État, ou, mieux, si l'on appréhende l'État comme une fiction, alors il faut dire que ce que l'on nomme État, c'est un appareil dont des volontés particulières se servent pour s'imposer. Ce n'est jamais « l'État » qui agit, mais, à travers lui, « des individus » et des volontés individuelles nécessairement particulières et situées.

Par exemple, si Nicolas Sarkozy veut imposer une Loi et s'il remporte la bataille parlementaire, s'il fait en sorte qu'une Loi soit votée, alors, en fait, la Loi, c'est la volonté de Nicolas Sarkozy (et à travers elle la vision sociale du monde qu'elle traduit). Et si je suis en désaccord avec cette Loi, alors, en vérité, je ne suis pas en désaccord avec « la Loi » ou « le législateur » comme le disent les juristes, les juges, les philosophes ou comme nous le disons dans le langage quotidien. Je suis en opposition avec la volonté de Nicolas Sarkozy qui s'est faite Loi et s'est armée de l'appareil répressif pour s'imposer à moi (autrement dit, les juges n'appliquent pas « la Loi » mais « la volonté de Nicolas Sarkozy », les policiers ne font pas respecter la Loi mais « la volonté de Nicolas Sarkozy »…).

Mon rapport à l'État ce n'est pas un rapport entre « ma volonté » et « l'État », mais un rapport interindividuel, un rapport entre volontés particulières (moi contre

Nicolas Sarkozy), sauf que l'une est parvenue à devenir Loi, à s'étatiser, à s'emparer de l'appareil répressif d'État pour s'imposer à moi. Énoncer la réalité ainsi rend difficile le traçage d'une césure entre sphère politique et sphère des interactions privées.

Le réductionnisme amène à désigner les rapports politiques comme des rapports d'individu à individu. C'est la vision que déploie Édouard Louis par exemple dans *Qui a tué mon père* lorsqu'il nomme les ministres ou présidents de la République dont les décisions ont eu des effets directs sur la santé de son père. Entre Jacques Chirac et le père d'Édouard, le lien est direct. Ils sont connectés. Autrement dit, les abstractions que l'on utilise pour penser la politique et les processus politiques et qui se présentent comme des principes de connaissance et d'élucidation du réel fonctionnent en fait comme des principes de méconnaissance et de mystification qui masquent la réalité brutale de ce qu'on appelle « la politique ».

Substituer un concept de gouvernants à un concept d'État ne veut pas dire renoncer à une approche sociologique des actes politiques, de leur ancrage et de leur signification au nom d'une approche individualisante. Il faut au contraire allier une pensée réductionniste et une pensée sociologique, qui se complètent l'une l'autre et qui toutes deux se définissent contre la théorie politique. Marx montre par exemple, dans *Le 18 Brumaire de Louis Bonaparte*, comment sont à l'œuvre dans l'État des individus agissants – des gouvernants – dans leur diversité et leur hétérogénéité. Il est donc possible de rapporter l'État à ceux qui font les lois. Mais en même temps, ces individus sont, par définition, porteurs d'une éthique, d'un habitus, d'intérêts propres à leur appartenance sociale – en sorte que c'est bien une logique sociale qui est à l'œuvre dans leur pratique dite politique. Ce sont des individus qui agissent et qui expriment, à travers eux, des intérêts particuliers, des visions particulières du monde – et la Loi se définit comme l'expression armée de ces volontés[1].

## *Choisir la Loi*

Si nous nous engageons dans une rupture avec toute pratique langagière et conceptuelle qui distingue l'État de ses organes et de ses occupants, nous nous heurtons à l'argument classique selon lequel la rationalité juridique contiendrait des exigences propres qui assurent une certaine autonomie de la Loi par rapport aux volontés particulières qui la font. Jürgen Habermas affirme qu'entrer dans le monde de l'élaboration de la Loi, de la discussion juridique, c'est se trouver pris dans un univers de contraintes argumentatives qui obligent le sujet à sortir de lui-même et à se plier à des normes qui assurent une irréductibilité de son discours par rapport à ses intérêts sociaux et économiques. L'épreuve publique de l'intersubjectivité conduit à se soumettre aux impératifs de la

1. Ce mode de perception permet de rompre avec tout essentialisme. L'État et la Loi sont des instruments, en sorte que nous ne devons jamais imputer à ces entités une quelconque essence. Ce qu'elles sont à un moment donné est le résultat de la façon dont des groupes particuliers, à des moments précis, s'en sont appropriés. Nous pourrions nous aussi nous saisir de l'État et de la Loi pour produire un autre ordre social – j'en parlerai dans la partie finale –, en sorte que tout antiétatisme devient indéfendable stratégiquement. Cette conception conduit aussi à échapper à une vision trop uniforme et trop homogénéisante de l'État pour saisir les incohérences, les logiques hétérogènes qui sont à l'œuvre à travers les pratiques du droit ou de l'administration.

rationalité et de l'élaboration formelle, ce qui fait que le sujet, lorsqu'il élabore la Loi, ne peut pas simplement transposer ses volontés personnelles mais doit parfois y renoncer au nom d'impératifs proprement juridiques[1]. Au fond, et bizarrement, c'est une idée assez semblable que défend Pierre Bourdieu dans son article « La force du droit » et dans ses cours au Collège de France sur l'État lorsqu'il avance que les contraintes de censure et de mise en forme qui s'imposent à tout acteur qui prend des positions dans le champ juridique ont pour effet d'assurer une relative autonomie de son discours par rapport à ses propriétés et intérêts sociaux puisque son discours doit se plier aux contraintes spécifiques de ce champ[2].

Y a-t-il des contraintes argumentatives qui, dans la sphère du droit, s'imposent aux acteurs malgré et au-delà de leurs inclinations individuelles et qui font que l'on commettrait une erreur à réduire la Loi à la volonté des gouvernants qui les énoncent et veulent les imposer ? Une certaine logique de la formalisation rend-elle impossible le réductionnisme et la substitution d'une analyse en termes de gouvernants et de volontés à une analyse en termes d'État et de rationalité juridique ?

---

1. Cette condition ne suffit pas néanmoins à elle seule à assurer la légitimité de la Loi selon Jürgen Habermas. Voir *Droit et morale*, Paris, Seuil, 1997.

2. Pierre Bourdieu, « La force du droit. Éléments pour une sociologie du champ juridique », *Actes de la recherche en sciences sociales*, vol. 64, septembre 1986, p. 3-19, p. 5. Pierre Bourdieu, *Sur l'État. Cours au Collège de France (1989-1992)*, Paris, Seuil, 2015.

*Avis dissidents*

Pour interroger l'idée selon laquelle il existe quelque chose comme des exigences proprement juridiques, on peut se pencher sur la pratique des avis dissidents, telle qu'on la voit à l'œuvre notamment à la Cour suprême des États-Unis ou à la Cour européenne des droits de l'homme. Lorsqu'une décision est rendue sur un litige, ces cours publient en effet, aussi, la décision inverse que d'autres juges défendaient mais qui n'a finalement pas été adoptée, car celles et ceux qui la soutenaient se trouvaient en situation de minorité. Autrement dit, la pratique de la publication de l'avis dissident montre que deux avis juridiquement fondés étaient possibles et que seule la règle de la majorité a décidé qui l'a emporté. Ce n'est pas le raisonnement juridique qui a gagné, c'est le nombre. Le raisonnement juridique et la discussion n'imposaient pas en eux-mêmes un résultat qui se serait imposé aux locuteurs. À travers la décision rendue, ce n'est pas « le droit » qui a parlé mais quelques individus (et parfois un seul) contre quelques autres[1].

Il n'y a pas de contraintes autonomes du droit qui obligent les juges – il suffit de penser à la réversibilité des arrêts sur la peine de mort, l'avortement ou le mariage entre personnes de même sexe, à toutes les décisions

1. C'est la raison pour laquelle aussi, si nous voulons formuler une analyse lucide de la justice, je crois que nous devrions beaucoup plus rattacher les décisions de justice au nom du ou des juges qui les ont prises, afin de cesser de faire croire que celles-ci sont prises « au nom du peuple » quand elles le sont par quelques individus. Nous devrions plus souvent dire le nom des juges, publier leur nom. Car ce n'est pas au nom du peuple français qu'ils rendent leur décision, c'est en leur nom, et ils doivent l'assumer.

juridiques qui sont inversées entre la première instance et l'appel, l'appel et la cassation, ou encore à l'intensité des débats juridiques qui apparaissent régulièrement et où différentes options s'affrontent. Le droit est un instrument qu'utilisent les locuteurs pour imposer leurs opinions. Tout procès ou toute audience publique le montre et en est en un sens la manifestation publique : des individus fondent juridiquement des avis radicalement divergents et des juges, en fonction de leurs inclinations, en débattent et votent. Comme l'a amplement montré le mouvement des *Critical Legal Studies*, il existe une indétermination du droit, une marge décisionnelle pour le juge, et les décisions juridiques sont dans leur formation même informées par les orientations éthiques et sociales de ceux qui font la Loi et de ceux qui sont censés l'appliquer – et donc elles en sont le reflet[1]. Chaque fois qu'une décision juridique est prise, nous pouvons en éprouver la vérité en posant des questions comme : qui l'a prise ? Contre quelle autre possible ? Comment cette personne s'est-elle retrouvée dans cette position de pouvoir ? Au détriment de qui ?

En assimilant Loi et volonté, il n'est pas question néanmoins de tenir une position présentiste qui ferait comme s'il était possible, à chaque instant, de transformer toute volonté en Loi. Il y a évidemment des contraintes

---

1. Jürgen Habermas, *Droit et morale*, *op. cit.*, p. 66. Robert W. Gordon, « Critical Legal Histories » (1984), Faculty Scholarship Series, Paper 1368. http://digitalcommons.law.yale.edu/fss_papers/1368. Patricia Ewick, Susan Silbey : « La construction sociale de la légalité », traduction de Guilhem Cassan, Daniel Didier, Édouard Gardella, Liora Israël, Romain Lutaud, Carine Ollivier, Jérôme Pélisse, Matthieu Pujuguet, Julien Souloumiac, Marie Trespeuch, Gérôme Truc, *Terrains & travaux*, n° 6, 2004, p. 112-138.

juridiques (encore qu'elles soient sans doute moins fortes qu'on ne le croit). Mais ces contraintes juridiques sont en fait la sédimentation de volontés particulières passées devenues lois, devenues cadres, et elles sont donc réversibles et transformables. Quand je dis que nous sommes gouvernés par des volontés devenues lois, cela veut dire que nous sommes gouvernés par des volontés présentes mais aussi par des volontés passées qui restent présentes…

## *Il y a eu un droit nazi*

Qu'il n'y ait pas de valeur intrinsèque au droit et au raisonnement juridique apparaît aussi lorsque l'on s'intéresse aux relations entre pratiques juridiques et État totalitaire. Par exemple, dans *Justifier l'injustifiable*, Olivier Jouanjan critique la tendance assez répandue de refuser la qualification de droit à l'ordre juridique nazi parce qu'on souhaite en quelque sorte sous-entendre que le droit, dans sa nature même, est solidaire d'un ordre politique antagoniste avec le nazisme – en sorte que le nazisme serait fondé plutôt sur une destruction de l'idée d'État de droit. Jouanjan montre au contraire à quel point il existe un discours juridique nazi (construit notamment contre le positivisme), un droit nazi, qui a sa logique et sa structure, ses concepts, ses juristes, sa casuistique : autrement dit, il y a eu un État nazi de droit[1]. Et dire ça, c'est dire qu'il n'y a pas de valeur

1. Olivier Jouanjan, *Justifier l'injustifiable*, Paris, Presses universitaires de France, 2017. Ce que décrit Jouanjan est d'autant plus troublant qu'il montre à quel point il y avait chez les nazis une obsession anti-individualiste, antiabstraction, au nom de notions « concrètes » et « globalisantes », comme la « communauté » ou le « peuple », auxquelles leur nouveau droit

intrinsèque de la rationalité juridique, qu'il est absurde d'affirmer que les contraintes formelles propres au champ juridique lui assureraient une valeur irréductible à ses locuteurs. S'il est vrai qu'il y a eu un droit nazi, alors au fond les idées de droit et d'État de droit sont dénuées de sens positif. Nous ne pouvons plus ériger la notion d'« État de droit » comme une norme autosuffisante ni invoquer le fait qu'une action s'est déroulée conformément à la Loi pour en garantir la valeur et l'acceptabilité.

## *Autonomie et rationalité*

Ce constat historique permet d'adresser une objection à Pierre Bourdieu lorsqu'il avançait que l'autonomie des champs juridiques permettait de créer une situation dans laquelle l'existence d'intérêts particuliers chez les acteurs n'était pas antagoniste avec la recherche et la production collectives de l'universel : l'autonomie du champ juridique ferait peser des contraintes spécifiques sur les auteurs qui y interviennent (Bourdieu conduit le même raisonnement sur les champs scientifiques), ce qui les obligerait, quelle que soit leur orientation personnelle, à respecter les formes de la rationalité juridique (l'universel, la neutralité, la cohérence logique) sous peine d'être discrédités dans le champ. Mais ce modèle n'est pas clos car il n'interroge pas le recrutement social des juristes, les intérêts qu'ils défendent et donc la nature externe des contraintes qui pèsent sur les locuteurs internes. Dans un monde où les juristes sont

s'articulait, et ce dispositif fait malheureusement immédiatement écho à nos formes contemporaines de critique du néolibéralisme et de la technocratie.

majoritairement nazis, se plier aux normes du champ c'est se plier à la doctrine nazie, en sorte que la « rationalité interne » et la « reconnaissance par les pairs » fonctionnent en fait comme des injonctions à ratifier l'idéologie juridique nazie[1]. Cette notation dément l'idée d'un lien entre clôture et rationalité. La valorisation par Bourdieu de la dynamique interne des champs et de leur autonomisation oublie de prendre en compte la nature des visions particulières, éthiques et sociales, de celles et ceux qui le composent, y occupent les positions dominantes et qui imposent leur vision à travers la « rationalité » qu'ils y font régner, en sorte qu'une démarche réductionniste reste valable (et que le critère de la reconnaissance par les pairs n'apparaît pas comme particulièrement pertinent pour évaluer la qualité d'une production symbolique).

## *Vision du monde*

Affirmer que la Loi est de la volonté étatisée ne signifie pas ramener brutalement les pratiques étatiques aux intérêts directs de celles et ceux qui l'écrivent. Celles et ceux qui prennent des positions dans le champ gouvernemental, parlementaire, juridique ou administratif peuvent le faire aussi au nom d'une certaine idée de l'État ou de l'universel. Dans son ouvrage sur le droit maritime par exemple, *Une mer jalousée*, Guillaume Calafat reconstitue les débats qui opposèrent juristes, politiques, économistes sur le statut de la mer : la mer

1. Voir le chapitre « La mise au pas du monde des juristes » dans Olivier Jouanjan, *Justifier l'injustifiable*, *op. cit.*, p. 67-97.

est-elle appropriable ou publique ? Est-elle un bien public ou un bien commun ? Quel droit s'y applique ? Est-elle comme l'air, à tous, ou comme la terre, divisable[1] ?

Calafat montre que les interventions des juristes dans ces débats n'étaient certes pas toujours indépendantes d'intérêts commerciaux, nationaux… Mais les positions qu'ils défendaient découlaient en même temps d'une certaine interprétation de l'universel, du droit, de la propriété. On peut donc avancer que la Loi qui, à l'issue de tous ces débats, triomphera comme Loi sera l'étatisation d'une volonté particulière sans que l'on ait besoin de dire que s'y exprime nécessairement un intérêt de classe ni même particulier direct à celui et celle qui l'a défendu. C'est une façon spécifique de définir l'universel ou de voir le droit qui s'est imposée – l'important ici étant le mot *spécifique*, c'est-à-dire l'existence d'un clivage, d'un choix, d'une potentialité autre. Même si la formulation de la Loi ne découle pas d'un intérêt direct et propre, elle exprime une vision personnelle. À partir du moment où le droit et l'État sont indéterminés, être soumis à un droit et à un État, c'est être soumis à des volontés individuelles, c'est avoir affaire à des décisions qui se sont normées et légalisées. Le réductionnisme ne signifie pas une restauration de l'économisme. Il engage au contraire à une attention à la multitude des formes que peut prendre l'ancrage individuel et décisionnel des actes présentés comme étatiques – qui sont même parfois pris au nom d'une idée de l'État, mais d'une idée singulière et non partagée.

1. Guillaume Calafat, *Une mer jalousée*, Paris, Seuil, 2019.

# 2

# CIBLER

La dimension décisionnelle de la Loi ne résulte pas seulement du fait que les actions étatiques se réduisent à des choix particuliers : elle est comme redoublée et amplifiée lors de son passage à l'état pratique. Il y a un rapport entre Loi et décision lors de l'écriture de la Loi elle-même, puis lors de sa mise en œuvre[1].

On oppose souvent l'État de droit, qui assurerait une protection à travers le règne de la Loi impersonnelle, abstraite, à « l'absolutisme » où les individus seraient exposés à la volonté particulière d'un roi, à travers notamment la lettre de cachet où le souverain pouvait ordonner l'emprisonnement d'un individu.

Mais on pourrait voir les choses tout autrement : après tout, nous commettons tous, tous les jours, des délits, petits ou grands, ou nous en avons tous commis. Nous avons tous un passé et un présent ; les comportements des entreprises, des particuliers, des institutions se déploient dans une zone d'illégalité, qu'il s'agisse de nos pratiques sur Internet, des impôts, de l'usage de drogues, des injures, de la sexualité, etc.

---

1. Sur ce point, je renvoie aux analyses qu'Assa Traoré et moi développons dans *Le Combat Adama*, Paris, Stock, 2019.

Nous sommes tous, à un degré ou un autre, dans l'illégalité.

Une société génère, à chaque instant, une multitude d'illégalismes que, par principe, l'appareil répressif d'État ne saurait tous connaître ni réprimer.

Dès lors, la Loi n'est peut-être pas d'abord un système dont le but est de normaliser les comportements. C'est un système qui donne du pouvoir à la police et au procureur pour *choisir* à qui elle va s'en prendre, ou, pour le dire de manière moins individualisée, à quels groupes d'individus elle va s'en prendre à travers quels types de délits. On le voit très clairement avec la question de la drogue aux États-Unis, où des régulations identiques débouchent sur des effets très différents selon les profils de genre, de race et de classe des individus concernés. Alors que les Noirs et les Blancs ont des pratiques comparables de consommation ou de trafic de drogue, la guerre contre la drogue vise, de façon extravagante, les Noirs. Dans certains États des États-Unis, les hommes africains-américains sont incarcérés pour ces délits vingt à cinquante fois plus que les Blancs[1].

Ces analyses nous amènent à concevoir sous un nouveau jour la distinction entre l'État de droit et l'État policier, entre le respect des procédures « légales » et « l'arbitraire », entre Loi impersonnelle et volontés individuelles. Sous l'absolutisme, la lettre de cachet était un dispositif par lequel le souverain pouvait décider arbitrairement d'envoyer quelqu'un en prison. Le rapport au souverain apparaissait alors dans sa vérité de rapport interindividuel, de confrontation à la volonté d'un autre.

1. Michelle Alexander, *La Couleur de la justice*, Paris, Syllepse, 2017.

Ce n'est qu'apparemment que ce dispositif a été aboli : la position privilégiée qu'occupait le souverain existe encore. Le couplage de l'existence d'un système de la Loi et du déroulement de chaque vie dans des zones d'illégalité signifie que, en fait, l'État de droit donne à la police et ceux qui orientent son action un pouvoir arbitraire sur les vies. Ce sont les forces de l'ordre qui, avec leurs tutelles et avec le parquet – qui détient un pouvoir discrétionnaire sur le déclenchement des poursuites –, sont en position de cibler qui elles veulent et de sélectionner parmi les individus et les groupes qui peuplent le monde social qui ira en prison et qui n'ira pas, qui basculera dans l'appareil répressif d'État ou non. Ce qu'on appelle « l'État de droit » n'abolit pas l'arbitraire mais transfère l'arbitraire du souverain au couple parquet-police. La Loi n'a pas de pouvoir en tant que telle. Elle est un cadre qui donne du pouvoir à certains groupes ou sur lequel certains groupes s'appuient pour exercer leur pouvoir. Quelle forme aurait un monde où les contrôles de police et les patrouilles ne seraient pas concentrés dans les quartiers populaires mais plutôt dans les grandes banques et au siège des grandes entreprises ? Entre notre monde et celui-ci, c'est un choix de société qui est opéré, et c'est la police et celles et ceux qui guident son action qui l'opèrent. Avec les mêmes lois, nous pourrions vivre dans une société très différente.

## *L'application comme décision*

Pour penser le passage de la Loi du statut de texte à celui de réalité dotée d'efficacité pratique, on utilise en général la notion d'application : on applique la Loi. Mais en fait, la Loi n'est pas « appliquée ». *Elle est utilisée et fonctionne à l'intérieur d'une pratique du ciblage.* À tous les niveaux, il y a un rapport entre la problématique de la Loi et la problématique du ciblage – c'est-à-dire du choix, de l'interprétation et de la décision. Ce ciblage peut être personnel, comme on le voit notamment quand les autorités s'en prennent à des individus qui les mettent en question, comme dans les affaires où les pratiques policières sont dénoncées (on connaît aujourd'hui les notes du FBI qui montrent les stratégies conscientes déployées pour anéantir le Black Panther Party, qui était alors perçu par l'agence comme l'un des principaux dangers pour l'ordre public américain : mises en prison, accusations de trafics, inculpation[1]). Il peut être aussi politique comme on l'a vu en France lors des manifestations des Gilets jaunes où la police, les procureurs et les juges ont interprété, élargi, resignifié un délit comme celui de « participation à un groupement ayant l'intention de commettre des violences », qui visait initialement à lutter contre le phénomène de bandes afin d'arrêter préventivement des individus suspectés d'avoir l'intention de manifester (certains ont été arrêtés dans leur voiture et alors qu'ils ne participaient en rien à un groupement), voire pour placer en garde à vue des journalistes qui couvraient les manifestations. Il peut enfin, si l'on prend un point de vue plus large et plus structural, être social : le traitement différentiel des jeunes garçons noirs et arabes et des jeunes Blancs pour les mêmes comportements montre comment la politique pénale repose sur un *choix* d'enfermer, comme le

1. Joshua Bloom et Waldo E. Martin, *Black Against Empire*, Oakland, University of California Press, 2013.

dit le sociologue américain David Garland, des groupes d'individus.

L'idée d'une Loi intersubjective, abstraite, rationnelle, débarrassée de tout élément décisionniste et particulier n'est pas tenable. Toute Loi est décidée, interprétée, manipulée. Tout fonctionnement de l'appareil pénal est une conséquence des décisions politiques et personnelles. La formulation de l'ordre juridique et ensuite son application policière puis judiciaire sont le résultat de volontés[1]. À chaque fois qu'une Loi m'est appliquée, je peux donc légitimement dire : pourquoi moi ? Qui a rédigé cette Loi ? Qui a choisi de me cibler ? Pourquoi maintenant ? Qui décide ? Je suis fondé à vivre cette situation sur le mode de la persécution arbitraire.

Appréhender la vérité des institutions officielles en s'affranchissant des abstractions que l'on utilise systématiquement conduit à les saisir dans la réalité de leur incarnation personnelle et de leur inscription territoriale. Il en découle une vision de la Loi comme dispositif qui donne du pouvoir à quelques individus particuliers, qui, parce qu'ils occupent certaines positions, s'en servent pour imposer leurs décisions et orientations éthiques. Le droit n'abolit ni l'arbitraire ni la guerre. C'est un instrument. Il ne s'agit pas ici de dire qu'il y a une imperfection de nos « États de droit », mais de donner à la notion d'État de droit une signification très différente de celle à laquelle il est abstraitement associé. L'État ne saurait être décrit comme un serviteur du droit ou comme une entité qui applique le droit. Il s'agit plutôt d'un

1. Jean-Marc Weller, *Fabriquer des actes d'État. Une ethnographie du travail bureaucratique*, Paris, Economica, 2018.

organisme au sein duquel des groupes et des individus utilisent le droit afin de nous imposer leurs orientations. Comme si la souveraineté ne se définissait ni par l'application du droit ni par la suspension du droit (selon les deux options classiques de la théorie politique), mais par la disponibilité de l'ordre juridique à l'exercice d'une domination spécifique.

# IV

# LA SCÈNE POLITIQUE

## 1

## CONFRONTATION

De la même manière que Max Weinreich disait qu'une langue est un dialecte avec une armée et une marine, on peut définir la Loi comme une volonté avec une police. Ce qui se livre à nous sous le nom de droit n'est jamais rien d'autre que du désir individuel parvenu à devenir Loi. Entre ma volonté et l'ordre juridique, ce qui s'affronte lorsqu'il y a affrontement ce sont deux volontés : ma volonté d'un côté et, de l'autre, la volonté d'autres personnes soutenues par la police et un appareil répressif.

### *Écart*

Bien sûr, il ne s'agit pas de dire ici que nous sommes toujours en désaccord avec ce que la Loi construit, ni que nous devons nécessairement vouloir autre chose que ce qui est légal. Il y a même de bonnes raisons de vouloir parfois comme ce que veut la Loi, c'est-à-dire comme ceux qui ont fait de leur volonté la Loi. L'État est une entité contradictoire, animée par des logiques hétérogènes. La Loi peut être un principe de rationalisation ou non, elle peut combattre des forces de domination ou en soutenir. L'État a, comme le dit Pierre Bourdieu, une main droite et une main gauche… Il est tout à fait légitime de ne pas sentir d'extranéité systématique entre ce que je veux et ce que dit la Loi, de se reconnaître parfois dans une pratique d'État et de se sentir à l'aise avec ses actions. Il peut aussi arriver que ce soit nous-mêmes qui parvenions à faire que notre volonté prenne la forme de la Loi et qui exercions via l'État de la contrainte sur autrui. Il n'est donc pas question ici de produire une analyse naïve qui assimilerait brutalement ce qui est étatisé à une force négative avec laquelle nous devrions nécessairement être en opposition.

Mais parce que nous vivons dans un monde d'antagonismes, penser notre condition comme sujet politique impose de placer au centre de toute réflexion la situation de l'affrontement entre un sujet et l'ordre juridique. Qui dit Loi dit confrontation, et c'est à partir de la scène de la confrontation que nous devons comprendre les rapports politiques.

Un ordre juridique est multiple, complexe, composé de différents règlements et différentes lois. Devant chacune des réalités juridiques, je peux, en tant que sujet, occuper deux positions : soit je suis confronté à travers la Loi à une volonté de l'autre que je ne veux pas, soit, à l'inverse, c'est moi qui, voulant la Loi, exerce de la contrainte sur autrui. Mais que je veuille la Loi ou que je ne la veuille pas, *il y a toujours un dispositif d'affrontement à l'œuvre et c'est lui qui contient la vérité de ce qui se passe politiquement*.

Du point de vue de la formulation d'une théorie, les deux positionnements que je viens de décrire ne sont pas équivalents : si nous réfléchissons à notre situation, si nous considérons honnêtement les (petits ou grands) illégalismes que chacun accomplit quotidiennement, les volontés ou les désirs que nous avons, la coïncidence entre nos inclinations et l'ordre juridique ou la pratique gouvernementale est très rare. La relation politique prend très largement la forme d'une interaction subie. Ou disons plutôt que, pour chacun d'entre nous, la Loi apparaît comme Loi et la question politique surgit d'abord dans le cadre d'une expérience où je suis confronté à une volonté qui n'est pas la mienne, qui m'est imposée de l'extérieur par un ordre qui m'a capturé à ma naissance, et qui dispose de la police et de la menace de l'appareil pénal.

*Référence*

Lier la question politique à la scène de la confrontation, c'est inverser la manière dont, depuis Hobbes et Rousseau, la théorie politique se construit. Celle-ci s'élabore en effet à partir d'une problématique de l'accord, du contrat, de l'intersubjectivité et ainsi, en un sens, elle s'autodissout comme théorie politique. John Rawls affirme par exemple que le sujet politique est celui qui agit selon des critères dont il est raisonnable d'espérer que les autres y souscriront comme lui[1]. Mais définir la réflexion sur la politique comme une recherche de formes qui recueilleraient la reconnaissance universelle des sujets qui y sont soumis, c'est réfléchir sur l'État et la Loi en construisant les problèmes de telle manière qu'il n'y a plus de problème – il n'y a plus de relation de frontalité. L'individu du contrat social, l'individu

1. John Rawls, *Libéralisme politique*, *op. cit.*, p. 275.

habermassien, l'individu rawlsien est avec les autres le coauteur de la souveraineté et de l'ordre juridique. Lorsqu'elle s'adosse aux notions d'intersubjectivité, de reconnaissance, de commun, d'éthicité ou d'universel, ce l'on appelle la théorie politique n'est en ce sens plus de la théorie politique et quitte l'espace des problèmes politiques[1].

Comme le dit Hans Kelsen, la problématique politique n'est pas celle d'individus qui discutent ou contractent pour établir puis organiser un collectif auquel ils appartiendraient ensemble. La politique ne pose pas le problème de la constitution et de la gestion d'un « corps politique ». C'est celle de la place que l'on accorde à l'individu qui déploie une volonté autre que la Loi. La question de la politique apparaît dans le moment de l'affrontement entre la volonté de quelqu'un et ce que dit la Loi[2]. S'il n'y a pas d'écart, la question politique est gommée. Il n'y a plus rien à dire, plus rien à analyser, plus rien à fonder puisque chacun est gouverné par sa volonté lorsqu'il agit comme le voudrait la Loi. Mais lorsque nous ne sommes pas d'accord ? Ou lorsque nous n'aimons pas le monde tel que la Loi le fait exister ? C'est à ce moment-là que surgit pour chacun d'entre nous le problème de ce que veut dire vivre sous un ordre

1. On pourrait presque dire les choses ainsi : si l'on pense l'ordre politique comme un ordre que tous les sujets voudraient et reconnaîtraient, alors c'est un ordre qu'il ne servirait à rien de mettre en place – il serait déjà là – et par définition il n'aurait besoin d'aucune mesure contraignante pour être doté d'efficacité.

2. Hans Kelsen et Philippe Urfalino, « Les fondations de la démocratie. Extraits sur la règle de majorité », *Raisons politiques*, vol. 53, n° 1, 2014, p. 23-36.

juridique, d'être confronté à la Loi, d'appartenir à un État.

*Lieux*

Parce que la question politique apparaît lorsqu'un sujet vient buter sur l'ordre de la Loi, construire une théorie de la conscience politique nécessite que nous nous affranchissions d'une forme de légitimisme inscrit dans la pensée du droit et de l'État. Quasi automatiquement, lorsque nous réfléchissons sur la politique, notre attention est orientée vers des lieux, des scènes ou des sujets qui nous paraissent représentatifs : le lieu de la politique, ce serait le Parlement, le Palais présidentiel, la Cour suprême, etc. ; le sujet politique par excellence serait le député, ou le président de la République ou à la limite le juge constitutionnel.

Mais c'est vers d'autres secteurs du monde social que nous devrions tourner notre regard. Parce que la réalité de la politique réside dans l'acte de confrontation avec l'ordre juridique, l'individu de référence de la théorie ne doit pas être le député, le juge, le président. Ça doit être cette autre figure, quasi totalement absente des principaux écrits ou totalement marginalisée : le délinquant, le terroriste, le braqueur, le clandestin, l'anarchiste. On pourrait dire que *l'homme arrêté par la police* doit devenir le cadre de référence de la théorie et que c'est à partir de lui que nous devons penser l'homme non arrêté par la police. Alors que, traditionnellement, la théorie s'élabore en posant des principes du droit et de la politique et ne se pose éventuellement qu'à la fin la question du crime, du criminel et du rebelle (c'est selon ce schéma que se déploient aussi bien le *Léviathan* de Hobbes que le *Contrat social* de Rousseau), nous devons inverser cette perspective – partir du crime et du criminel, de sa subjectivité et de sa vie, pour construire un concept de Loi, de droit, d'État.

Dans *No Name in the Street*, James Baldwin souligne que si l'on veut comprendre comment fonctionne la justice dans une société, il ne faut pas demander aux policiers, aux juges, aux avocats ou aux membres protégés de la classe moyenne. Il faut aller voir les individus sans protection – ceux qui, précisément, auraient besoin de la protection de la Loi : les Mexicains, les Portoricains, les Noirs, les pauvres. C'est à eux qu'il faut demander ce qu'ils pensent de la justice, comment ils en voient le fonctionnement, et c'est à partir de leur témoignage que l'on pourra répondre à la question de savoir si nos sociétés ont, tout simplement, un « concept » de justice. De la même manière, si l'on veut comprendre le fonctionnement de la Loi, si l'on veut créer une notion adéquate de Loi, c'est l'expérience de celui qui se retrouve face à elle que nous devons examiner.

Au fond, la question qui se pose est de savoir ce qu'est un moment politique : à partir de quelle figure du sujet et de quelle image doit-on construire la théorie politique ? La scène politique fondamentale n'est pas celle où une Loi est votée au Parlement. C'est une scène qui se passe tous les jours, celle où des policiers enfoncent la porte de quelqu'un le matin, qui se retrouve jeté au sol, nu, menotté, kidnappé, entravé, interrogé, détenu.

Si Descartes a placé comme moment de prise de conscience du sujet par lui-même le Cogito, si Merleau-Ponty a défini le touchant-touché comme l'expérience où le sujet se saisit comme sujet sensible, on pourrait dire que la rencontre avec un policier est le touchant-touché du sujet politique, l'action à travers laquelle le sujet comprend physiquement sa situation d'être politique comme sujet entravé par la volonté d'autrui – via l'État. C'est le moment où apparaît le rapport de violence constitutif de tout ordre juridique. Et alors que, en ce qui concerne mon rapport à ma conscience ou à mon corps, l'acte où je me saisis est un rapport de moi à moi, le moment où je m'éprouve comme sujet politique n'est pas un rapport d'autoconstitution mais un rapport à un extérieur entravant. L'expérience politique, ce n'est pas le moment où je contracte, c'est le moment où je me fais arrêter – c'est le fait d'être toujours arrêtable.

# 2

## FACE À LA LOI

Si la réalité de la politique se révèle dans la scène de la confrontation, comment penser celle-ci ? Quels mots et concepts devons-nous employer pour appréhender le face-à-face avec la Loi et donc pour éprouver notre expérience politique ? Et comment, à partir de cette appréhension, reconstruire un langage ?

Pour nommer l'action du sujet qui adopte une conduite différente de celle que prescrit la Loi, nous utilisons en général le verbe « désobéir ». Que ce soit en théorie politique ou dans la vie quotidienne, dans les milieux militants ou policiers, ce mot s'impose à nous. Il est partout. Il est employé comme un constatif, utilisé avec le même sens des milieux anarchistes à John Rawls en passant par le ministre de l'Intérieur.

Mais loin d'être un concept neutre, la notion de désobéissance est liée à une certaine conception du corps politique, du territoire, de la légitimité, de l'État, de l'appartenance et du rapport de l'individu à la Loi. Elle est comme le point d'aboutissement de toute la mystification politique à l'écart de laquelle il faut se tenir pour élaborer une théorie réaliste de notre rapport à ce qui s'impose à nous comme « État » et comme « Loi ».

## *Passé : désobéir ou fuir*

Ma réflexion sur la pertinence du concept de désobéissance est antérieure à ce livre. Dans *L'Art de la révolte*, j'avance qu'il n'est pas pertinent de penser la vie politique d'Edward Snowden à l'aide de la catégorie de « désobéissance », comme cela a été fait spontanément et comme lui-même l'a fait. Certes, Snowden a publié des documents secrets qui montraient la mise en place de programmes illégaux de surveillance de masse aux États-Unis. Mais en même temps, il a toujours connecté son geste politique et sa prise de parole à une pratique de la fuite. L'un des actes qui ont conditionné la démarche de Snowden a été de s'enfuir des États-Unis et de faire en sorte de ne jamais pouvoir y être extradé : il est parti, d'abord, à Hong Kong, puis, après avoir cherché à se réfugier en Équateur, il a demandé l'asile en Russie où il réside désormais.

Cette attitude de fuite, cette pratique de la demande d'asile sont très significatives, et elles engagent un certain nombre de conséquences essentielles pour la réflexion sur le sujet politique et son rapport à la Loi. La pratique de la fuite, en effet, s'oppose à la pratique de la désobéissance telle qu'elle est habituellement employée. « Désobéir » et « fuir » constituent deux manières opposées de penser la confrontation avec la Loi, qui impliquent des modes de subjectivation antagonistes, des façons différentes pour le sujet de se rapporter à l'ordre juridique, à l'État et aux autres.

Les textes sur la désobéissance civile lient toujours ce que serait la « grandeur » de cette pratique au fait qu'elle introduit un conflit interne au droit : elle utilise les valeurs fondamentales d'une société, sa constitution, pour critiquer ses lois ou son organisation actuelle. C'est au nom même de la fidélité aux valeurs essentielles de la constitution que l'on prend la décision d'entrer en dissidence par rapport aux lois qui s'y appliquent. Le sujet se constitue comme sujet politique en affirmant son appartenance à la communauté juridique à laquelle il s'adresse. En un sens, il se pose même comme son membre le plus fidèle et le plus attaché à ses valeurs : c'est en leur nom et au nom des exigences qu'elles incarnent qu'il se lance dans le combat.

Mais fuir, se réfugier, partir, comme l'a fait Snowden, c'est se constituer comme sujet politique d'une manière différente. Si l'on radicalise le geste de Snowden, on voit que l'enjeu essentiel n'est pas de changer sa communauté politique, mais de changer de communauté politique. Le désobéisseur adhère à sa nation et entend en transformer les lois ; Snowden, à l'inverse, s'engage dans une pratique de désassujettissement qui l'amène à ne plus adhérer à sa nation : il a décidé, à un moment, de s'en aller, de la quitter, de s'en séparer. Il s'est moins agi pour lui de désobéir que de démissionner. La vie de Snowden ne dit pas : je désobéis pour changer ma communauté politique, mais : je change d'appartenance, je me réfugie, je quitte cette communauté politique, je récuse ma nationalité – d'où les nombreuses demandes d'asile qu'il a formulées.

La désobéissance représente un acte paradoxal relativement à la communauté dans laquelle elle se déploie. Penser l'acte que l'on accomplit comme de la désobéissance, c'est s'inscrire dans le système de la Loi, c'est reconnaître que cette Loi devrait s'appliquer à soi et décider, malgré tout, de ne pas la suivre. En d'autres termes, on ne peut désobéir à une Loi qu'à condition de la reconnaître comme sienne, et donc de se définir comme inscrit dans la communauté où elle règne. À l'inverse, la démarche de Snowden consiste à s'émanciper de l'ordre de la Loi, à quitter son champ d'application, l'espace de son *enforcement*, et ainsi à refuser de se définir par rapport à elle (ou, plus exactement, à essayer de s'émanciper de l'ordre juridique, puisqu'on ne le quitte jamais totalement, qu'on reste toujours susceptible d'y être rappelé, ou qu'on ne peut le quitter qu'à condition de se soumettre à un autre, ce qui pose la question de savoir s'il est possible de fuir l'État...). Ce n'est plus sa Loi, ça ne le concerne pas. Fuir, c'est récuser son inscription dans le système de la Loi, c'est faire exister une figure du sujet qui se donne le droit ne plus reconnaître la Loi comme étant la sienne et comme l'obligeant.

Dire de Snowden qu'il a désobéi, ce serait donc se méprendre quant à son geste, sa nature et ses implications. Pire, ce serait refuser d'accorder à son acte ce qu'il voulait accomplir, puisque ce serait le réinscrire sous un ordre juridique qu'il récuse, qu'il a répudié en changeant d'appartenance. Bref, coder son geste en termes de désobéissance, ce serait le resoumettre à l'ordre juridique dont il a voulu s'émanciper.

## *Maintenant : affronter et ne pas appartenir*

Dans cette réflexion sur Edward Snowden, il s'agissait de montrer qu'il pouvait y avoir plusieurs formes d'écart à l'ordre juridique et que toutes les actions ne devaient pas être subsumées sous la catégorie de désobéissance. Il ne s'agissait pas alors de critiquer la notion de désobéissance en tant que telle mais simplement de montrer comment les actions de Snowden relevaient d'une autre tradition – la fuite, la sédition, le refus de l'appartenance.

Il me semble désormais nécessaire d'aller plus loin en passant d'une analyse descriptive de cette individualité à une analyse ontologique universellement valable. La réflexion sur Snowden permet de prendre conscience du fait que la désobéissance suppose l'appartenance. Il y a un rapport entre la notion de désobéissance, la notion de territoire et la notion d'appartenance : un ordre juridique se déploie et s'applique à l'intérieur d'un territoire. Je ne suis soumis à cette Loi et donc je ne peux lui désobéir que si je m'inscris dans l'espace de son *enforcement*. Si, comme Snowden, je mets en question cette appartenance, je fais vaciller la validité de la catégorie de désobéissance.

Dire de quelqu'un qu'il désobéit à une Loi n'est donc pas établir un constat : c'est, d'abord, le positionner comme sujet de la Loi et lui assigner une appartenance. Si j'applique ce raisonnement à mon exemple : moi, lorsque j'agis, lorsque je suis en France, mon action ne sera jamais évaluée par rapport à la Loi chinoise ou à la Loi allemande. Lorsque j'agis, quelle que soit mon action, je ne désobéis pas à ces lois. Il serait absurde de dire que mon comportement se définit par rapport à ces ordres juridiques. En fait, on considère que je ne peux me situer que par rapport à la Loi française – ou, plutôt, que, de fait, je me situe par rapport à cette dernière. On utilisera le vocabulaire de la désobéissance uniquement pour désigner mon rapport à une Loi dont on estime que je fais partie de son espace. La catégorie de désobéissance présuppose donc une adhésion antérieure à un ordre juridique et ma construction comme sujet à l'intérieur de celui-ci.

## *Devoir*

Utiliser le concept de désobéissance ne signifie pas seulement ratifier une hypothèse d'appartenance. C'est également supposer que le sujet doit quelque chose à l'État, qu'il est engagé envers lui et que ce qui est étatique détient une légitimité à lui adresser des ordres : si mon voisin vient me voir pour me dire de ne pas faire trop de bruit, et que, un jour, je fais du bruit, il est évident que nous ne dirions pas que je lui désobéis : il n'est pas en position de me donner des ordres qui me concernent. Nos deux volontés s'affrontent. J'affirme ma volonté contre la sienne, et le rapport entre nous est un pur rapport d'extériorité entre deux volontés contradictoires. Je ne désobéis pas à mon voisin quand je suis en désaccord avec lui. Pourquoi dit-on alors que je désobéis à l'État ? La catégorie de « désobéissance » présuppose la reconnaissance d'une légitimité à me commander. Je ne peux désobéir que si je suis construit comme sujet soumis : employer le verbe « désobéir » suppose de poser l'obéissance comme acte premier et normal et de définir l'action dissidente comme refus du conformisme.

Lorsque je dis que je désobéis, je reconnais que j'appartiens à l'État et qu'il est légitime à exercer un pouvoir sur moi. Je ne peux désobéir que si je devais obéir. Mais en quoi l'État a-t-il une autorité sur moi ? Pourquoi accepter que ce soit lui qui fixe les règles et que ce soit par rapport à lui que l'on définisse mes actions ?

## *Prétention*

On pourrait être tenté de répondre que le concept de désobéissance est purement descriptif : utiliser ce concept reviendrait simplement à prendre acte du fait que, sur le territoire où je me trouve, une Loi prétend s'appliquer à moi et que j'agis autrement qu'elle ne le commande. Peut-être cela est-il vrai. Mais cette narration est moins descriptive qu'elle n'y prétend. Car la construction de la souveraineté ne consiste peut-être en rien d'autre que dans cette prétention de l'État à s'appliquer sur une terre et dans la reconnaissance de cette prétention. En sorte que si j'emploie le concept de désobéissance, je ratifie la prétention de l'État et je participe de sa construction. Je ratifie l'idée que je dois quelque chose à la Loi. Récuser le concept de désobéissance, ce n'est pas nier qu'il va y avoir affrontement avec l'État lorsque j'agis différemment de ce qui est posé comme étatique. Mais cela incite à déployer un autre vocabulaire pour décrire cette séquence et donc construire autrement la relation du sujet à la Loi.

## *Appartenance*

La raison pour laquelle il m'a semblé que le geste d'Edward Snowden se distinguait de la désobéissance civile est que, en quittant les États-Unis, il m'avait paru avoir dit : la Loi américaine n'est plus ma Loi. Je divorce de mon pays. Mais l'on pourrait en fait poser cette question : est-il nécessaire de partir au sens géographique du terme pour qu'un acte de récusation désigne une réalité ? Et même : cet acte de récusation est-il nécessaire pour parler d'une extériorité du sujet à l'ordre juridique ? Dire que Snowden *retire* son consentement, ou qu'il *fuit*, n'était-ce pas présupposer qu'il était inclus, qu'il avait donné son consentement et que, désormais, il fait le geste inverse. Il existe une tradition de réflexion américaine, chez Emerson et Thoreau par exemple, sur le droit de « retirer sa voix » de la société, sur la possibilité de divorcer de l'État, de se séparer, de partir[1]... Mais celle-ci ne présuppose-t-elle pas de la même manière l'inscription première du sujet politique dans l'État et dans le système légal ?

Poser comme une évidence notre appartenance à l'ordre juridique traduit une tendance à croire trop spontanément à la performativité des actes d'État. Si une entité me dit : tu m'appartiens, si elle me donne des papiers, si elle affirme qu'elle m'enverra des troupes pour me rappeler à l'ordre si j'agis différemment de ce qu'elle veut, on ne doit pas dire que je lui appartiens, qu'elle m'a construit comme sien. On doit dire qu'elle essaie de m'imposer un ordre, qu'elle tente un coup de force. Ce lien est unilatéral, et il le reste. Et lorsque j'agis différemment de ce que cette entité voudrait, ce n'est pas que je rompe le lien avec elle, car il n'y a jamais eu de lien.

En quoi est-ce qu'un individu *appartient* à l'État parce que, un jour, alors qu'il venait de naître et qu'il ne parlait pas la langue, cette entité lui a dit : tu m'appartiens ? Ce n'est pas parce que cette déclaration existe que ce qu'elle énonce est doté de réalité. Ce n'est pas parce que c'est dit que c'est vrai. À bien des égards, on peut affirmer que cette déclaration est une mystification. Et le rôle de

1. Sandra Laugier, « Désaccord, dissentiment, désobéissance, démocratie », *Cités*, vol. 17, n° 1, 2004, p. 39-53.

la théorie politique n'est pas de ratifier les mystifications, mais de les dénoncer et, à partir de là, de construire un langage oppositionnel.

La catégorie de désobéissance fait fonctionner une compréhension inadéquate du lien politique. On pourrait aller jusqu'à dire : elle construit une inscription des actions dissidentes à l'intérieur de l'ordre juridique que ces actions défont et dont elles démentent la reconnaissance par leur existence même. Le concept de désobéissance prétend nommer les actions et les sujets contestataires et peut-être même leur rendre hommage. Mais en fait, dans le moment même où il désigne l'opposition de certaines actions à la Loi, il place ces actions sous l'ordre juridique et il construit les sujets insoumis comme sujets définis par leur appartenance à un ordre du droit auquel ils devraient normalement se soumettre. C'est ce qui explique pourquoi il est si difficile, dès qu'on emploie cette catégorie, de ne pas se poser la question de l'acceptation de la sanction ou d'une certaine forme de légitimisme institutionnel toujours accompagné d'un appel au calme et à la sagesse (qui prend notamment la forme de l'appel à la non-violence) : ce légitimisme est inscrit dans la notion de désobéissance, qui suppose l'adhésion à l'ordre juridique et la reconnaissance de celui-ci dans ses prétentions.

Pour moi, le rapport que j'entretiens avec ce qui est devenu « la Loi française » est identique au rapport que j'entretiens avec mon voisin. C'est par hasard que nous nous retrouvons face à l'autre. Et quand nous sommes en désaccord, je l'affronte, et je ne lui reconnais pas une prétention à me gouverner et même à me concerner. Pourquoi en serait-il autrement ?

# 3

# UNE THÉORIE COLONIALE DU POUVOIR

## *Colonie et Loi*

Les écrits du Black Panther Party tels qu'ils ont été analysés dans le grand livre de Joshua Bloom et Waldo E. Martin *Black Against Empire* et les textes de l'un des leaders des Black Panthers, Huey Newton, rassemblés dans le volume *To Die for the People* offrent une théorisation de notre condition comme sujet politique[1].

Les textes du Black Panther Party réfléchissent sur la situation des Noirs aux États-Unis. Leur contribution est de s'opposer à la construction opérée par le mouvement des droits civiques qui reposait sur l'idée selon laquelle les Noirs forment une « minorité » ou un « groupe dominé » aux États-Unis. Pour les Black Panthers, au contraire, ils forment une colonie. Comme l'écrivent Joshua Bloom et Waldo E. Martin : « Plutôt que de réclamer une part du gâteau américain, les Panthers ont dépeint la communauté noire comme une colonie en Amérique, et la police comme

1. Joshua Bloom et Waldo E. Martin, *Black Against Empire*, *op. cit.* Huey Newton, *To Die for the People*, San Francisco, City Lights Books, 2009.

une armée d'occupation dont les Noirs devraient se libérer[1]. »

Penser la communauté noire comme une colonie, c'est affirmer une extranéité des Noirs par rapport à l'ordre juridico-politique américain. Être noir, c'est être soumis à un État qui n'est pas le sien. Il n'y a pas d'appartenance des Noirs à l'ordre juridique américain ; la Loi édictée par le Congrès n'est pas leur Loi. C'est une Loi extérieure à eux – que la police, force d'occupation, essaie de leur imposer. Les Noirs sont par rapport aux États-Unis dans la même situation que les Algériens par rapport à la France avant l'indépendance. Dès lors, la lutte politique ne doit pas prendre la forme d'une lutte d'intégration dans un ordre juridique donné mais d'une lutte de libération par rapport à celui-ci. Les Noirs ne sont pas confrontés, par rapport à la Loi américaine, à une problématique de l'obéissance. Huey Newton écrit : « Le point de départ est le principe selon lequel l'oppresseur ne dispose d'aucun droit que l'opprimé est tenu de respecter[2]. »

Sauf erreur de ma part, les membres du Black Panther Party n'invoquent pas, ou alors très peu, l'Afrique et l'idée d'une origine africaine des Noirs pour affirmer leur extériorité à l'ordre légal américain. Ils ne nient pas leur appartenance aux États-Unis en invoquant une autre origine, ou une appartenance passée à un autre territoire comme ont pu le faire d'autres groupes. Leur extériorité par rapport au régime américain n'est pas fondée sur un raisonnement historico-géographique. Elle est fondée sur

1. Joshua Bloom et Waldo E. Martin, *Black Against Empire*, *op. cit.*, p. 61. Ma traduction.

2. Huey Newton, *To Die for the People*, *op. cit.*, p. 86.

un diagnostic des fonctionnements des pouvoirs, et elle s'ancre notamment dans une analyse de la Loi, de ses effets et de ses fonctions.

Cette analyse prend forme surtout à partir d'un changement législatif intervenu en Californie à l'été 1967. Au début de l'année 1967, lorsqu'ils se constituent, les Panthers se définissent comme un groupe d'autodéfense : contrairement au qualificatif que l'on utilise si souvent pour les nommer, ils ne sont pas violents – ils n'ont d'ailleurs jamais été violents. Au début, ils sont légalistes. Ils entendent faire appliquer la Loi et la Constitution. Ils se pensent comme un groupe d'autodéfense qui veut protéger les Noirs des actions illégales et violentes de la police (fouilles, brutalités, arrestations et détentions arbitraires, etc.[1]). Ils organisent alors des patrouilles armées qui suivent et surveillent la police afin d'intervenir, éventuellement, si les policiers entreprennent des actions illégales ou anticonstitutionnelles[2]. Les Panthers n'utiliseraient les armes que si la police commettait une action illégale – en sorte que, à ce moment-là, dans cette scène-là, tout serait inversé : ce serait les policiers qui seraient des délinquants quand le Black Panther Party, qui agirait au nom de la Loi et de la Constitution, serait légitime à utiliser la contrainte.

Cette pratique de la *self-defense* a été proclamée et mise en scène pendant plusieurs mois. Mais évidemment, cette organisation de patrouilles armées qui avaient

1. On retrouve donc ici une construction des perceptions typiques de celle qu'analyse Elsa Dorlin où le minoritaire non violent est décrit comme violent : Elsa Dorlin, *Se défendre*, Paris, Zones, 2017.

2. Voir le chapitre « Policing the police » dans *Black Against Empire*, *op. cit.*, p. 45-62.

pour vocation de « policer la police » et de contrôler les contrôleurs a rencontré une telle opposition dans les rangs des forces de l'ordre (ce qui montre le rapport pour le moins ambigu de la police à la Loi) que le parlement de Californie vote à l'été 1967 le Mulford Act qui interdit ces patrouilles dans l'espace public et l'exhibition des armes. En d'autres termes, le Parlement met fin à la possibilité pour les Black Panthers d'observer la police et de faire en sorte que les interventions policières sur les Noirs s'opèrent dans le respect de la Loi.

Le vote du Mulford Act produit un basculement dans le rapport du Black Panther Party à la Loi[1]. C'est une scène politique majeure qui engendre chez eux une révélation quant à la réalité de leur condition politique. Les Panthers ne vont plus, à partir de là, se présenter comme un groupe légaliste qui entend utiliser la Loi pour faire la police à la police. Le Parlement de Californie modifie la Loi dans le but de leur retirer les moyens de faire valoir leurs droits et de se défendre. Comment penser alors que ces institutions les représentent ? Elles ne protègent pas les Noirs. Elles ne fonctionnent pas au service de leurs droits. Elles les mettent en danger. Les députés majoritaires utilisent leur pouvoir spécifique – celui de faire la Loi – pour maintenir les Noirs dans une condition de domination. La Loi qui en ressort n'est donc pas, pour les Noirs, « leur » Loi. C'est la volonté de domination des Blancs transformée en Loi.

Si la Loi américaine n'est pas leur Loi, mais la Loi des autres qui s'imposent à eux, alors les Noirs forment une

1. *Ibid.*, p. 67.

colonie aux États-Unis : entre un Noir aux États-Unis, un Algérien pendant la guerre d'Algérie et un Vietnamien pendant la guerre du Vietnam, il n'y a aucune différence de nature : « Huey Newton identifie la police comme un représentant d'une puissance impériale oppressive, une force d'occupation sans aucun rôle légitime dans la communauté noire[1]. » En conséquence, les émeutes dans les quartiers noirs sont des formes proto-politiques de luttes de libération.

La figure du Noir comme colonisé est solidaire de la figure du Noir comme spectateur. Huey Newton écrit : « Nous sommes devenus les damnés de la terre relégués au rang de spectateurs[2]. » Autrement dit, il lie l'élaboration d'une théorie coloniale du pouvoir à la figure du sujet politique comme spectateur, qui est pris dans quelque chose qui lui vient du dehors – je reviendrai sur ce point[3].

Se définir comme une colonie, c'est sortir de l'espace de l'application de la Loi et c'est refuser sa prétention à s'appliquer à moi. Il faut bien comprendre le geste du Black Panther Party et de Huey Newton : il serait incomplet de dire que, puisque les Noirs forment une colonie, ils devraient *sortir* de l'ordre juridique américain. En fait, l'extériorité par rapport aux États-Unis précède la qualification de ce groupe comme colonie. Le Black Panther Party ne peut définir la communauté noire comme colonie qu'une fois qu'il a accompli un geste d'extériorisation des Noirs de l'ordre juridique américain. En

1. *Ibid.*, p. 67.
2. Huey Newton, *To Die for the People*, *op. cit.*, p. 81.
3. Voir le chapitre 5 de cette partie, « Territoires occupés ».

d'autres termes, c'est parce que les Noirs sont extérieurs aux États-Unis que la Loi américaine n'est pas leur Loi et qu'ils forment une colonie. Les Noirs se situent déjà en dehors de l'ordre juridique, mais cette extériorité n'est pas encore reconnue comme telle.

### *Loi, étrangère*

Les analyses des Black Panthers ne représentent pas une théorie parmi d'autres ou valable uniquement pour un groupe socio-racial spécifique. Elles forment une expression de la conscience politique. Il faut partir de ce qu'elles disent pour redéfinir notre langage, comprendre ce que nous sommes et, à partir de là, en tirer toutes les conséquences.

Si j'essaie de penser ce que je suis à partir des textes de Huey Newton, il est possible de poser cette question : en quoi, moi aussi, ne suis-je pas extérieur à l'ordre juridique français ? En quoi la Loi française est-elle *ma* Loi ? D'où vient la prétention de cette Loi à me faire obéir, d'où vient sa prétention à me concerner ? Lorsque je suis né, l'État m'a imposé une nationalité, une identité et une personnalité juridique. Des gouvernants qui se sont emparés d'un appareil nommé État m'imposent leurs volontés et structurent le monde dans lequel je vis. Le fait que nous soyons inclus dans un même monde est la conséquence d'un acte d'imposition forcée. Dès lors, en quoi la Loi française, c'est-à-dire ce que j'éprouve comme Loi en tant que je suis en désaccord, est-elle « mienne » ? Entre elle et moi, le rapport est d'extériorité. Le droit français m'est aussi étranger que tout autre droit, que tout commandement qui me vient du dehors.

On pourrait dire que la Loi française me concerne quand je suis sur le territoire français et que la Loi russe me concerne quand je suis sur le territoire russe. Mais je pourrais tout aussi bien affirmer que je suis moi-même un territoire qui ne reconnaît pas la légitimité de l'annexion que les autres veulent, à travers l'État nommé République française, opérer sur moi. Je suis un territoire occupé. La Loi française m'est aussi étrangère que la Loi suisse ou chinoise.

La pensée politique et juridique moderne ne cesse d'affirmer qu'elle s'est fondée sur un acte de rupture avec toute conception ethniciste ou culturaliste au nom d'une conception abstraite de la personnalité juridique et du corps politique (l'individu et le peuple). Mais en fait, ce n'est pas vrai – et nos modes spontanés d'appréhension du lien politique restent marqués par une forme d'ethnicisme ou de culturalisme. Car si nous abstrayons la réflexion sur la politique de toute référence à des éléments de cette nature, nous devons assumer que toute Loi que m'imposent les gouvernants est par définition une Loi étrangère. Les rapports politiques sont des rapports entre colonisateurs et colonisés. Quand Nicolas Sarkozy ou Emmanuel Macron se battent pour faire voter une Loi alors que je n'ai rien demandé, alors que je suis malgré moi contraint de subir leur volonté, je suis occupé par une volonté étrangère à la mienne et Nicolas Sarkozy et Emmanuel Macron sont autant pour moi des colonisateurs que pourrait l'être un gouvernant allemand, chinois ou russe. Le fait que, éventuellement, nous partagions la même langue ou la même couleur de peau ne réduit en rien le caractère étranger de leur volonté et de leur être par rapport à moi. La Loi, c'est la Loi de l'autre, quel que soit le degré d'étrangeté entre lui et moi. Si l'on exclut de nos modes d'autoréflexion tout élément ethniciste, culturaliste, linguistique, il n'y a aucune raison de ne pas désigner leur Loi comme une Loi coloniale et la police comme une force d'occupation. Au fond, on pourrait presque dire que nous appelons démocratie un régime colonial où l'espace géographique au sein duquel règne le pouvoir est relativement homogène culturellement ou ethniquement (en sorte que ce n'est pas un hasard si les mobilisations dans les quartiers populaires, menées principalement par des Noirs et des Arabes, s'articulent souvent à une rhétorique de la critique de la « gestion coloniale » de ces quartiers, la distance ethnique entre gouvernés et gouvernants permettant l'accès à une grande lucidité sur la nature du lien politique).

Lorsque, en 2017, des Américains sont descendus par milliers dans la rue à la suite de l'élection de Donald Trump à la présidence des États-Unis munis d'une pancarte « Not my President », c'est ce type de compréhension du lien politique qu'ils ont exprimé. Tout Américain qui se trouve en désaccord avec la gouvernementalité-Trump se trouve aujourd'hui en territoire occupé.

Le fait de vivre sous un régime juridique quel qu'il soit nous confronte à deux possibilités : ou bien nous sommes en accord avec certaines lois, elles sont nôtres et nous sommes, pour celles et ceux qui ne les veulent pas, des colonisateurs. Ou alors, et c'est en fait la quasi-totalité de notre expérience, ce sont des lois occupantes : des forces étrangères organisent le monde dans lequel je me trouve. En tant que sujet politique, je ne suis pas un « citoyen » qui participerait à une action en commun pour élaborer un ordre juridique. Être un sujet politique, c'est être un sujet occupé – et la police est, nécessairement, pour celles et ceux à qui elle s'applique, une force d'occupation. L'État est l'institution qui circonscrit la population de celles et ceux qui sont en position de m'imposer leur volonté[1].

## *Palestine*

On pourrait prendre un autre exemple : Ahed Tamimi est une jeune activiste palestinienne qui mène des actions contre l'occupation israélienne. Un jour, le 15 décembre 2017, dans la ville où elle vit, à Nabi Saleh, alors que des incidents se produisent à la suite de la reconnaissance de Jérusalem comme capitale de l'État israélien par les États-Unis, son frère est défiguré par une balle en caoutchouc tirée par des soldats. Elle est en colère. Elle réagit en donnant une gifle à un militaire israélien dans une scène qui a été filmée et qui a ensuite été très largement diffusée. Elle est arrêtée quelques jours plus tard. Puis est condamnée à huit mois de prison par un tribunal militaire israélien.

L'un des éléments qui ont beaucoup frappé l'opinion internationale dans l'attitude d'Ahed Tamimi est sa

1. Le concept de souveraineté nationale (ou populaire) renvoie donc simplement au fait de limiter l'espace des individus et des groupes qui peuvent s'imposer mutuellement leur volonté à ceux qui possèdent la même nationalité. Lorsque l'on affirme qu'il faudrait par exemple sortir des traités européens au nom de la « souveraineté nationale (ou populaire) », on dit alors, si l'on est français, que l'on veut ne pouvoir être politiquement dominé que par d'autres individus ou groupes français et pas par des individus ou groupes d'autres nationalités comme si cela était intolérable. Cette revendication est donc, dans son essence même, tangente au racisme.

non-soumission à l'égard des institutions israéliennes. Le jour de son jugement, elle a qualifié le tribunal d'illégitime et a fait cette déclaration à ceux qui se présentaient à elle comme ses juges : « Il n'y a pas de justice dans un système d'occupation[1]. »

La vérité de cette déclaration se situe en fait au-delà de son contexte d'énonciation : par définition, être jugé, c'est être confronté à des lois que l'on ne veut pas, soumis à des gens que l'on ne reconnaît pas et qui utilisent l'État pour nous imposer leur volonté. Lorsque j'agis d'une manière opposée à celle que prescrit la Loi, je suis en quelque sorte confronté à d'autres individus qui se donnent le droit de m'imposer leur volonté, de m'annexer malgré moi, petit territoire, d'y faire régner leur Loi. Et c'est donc un rapport colonial et un rapport d'occupation. Qui dit « justice » ou, plutôt, « système pénal » dit système d'occupation et puisqu'il n'y a pas de justice en système d'occupation, il n'y a pas de justice.

1. http://www.europe1.fr/international/huit-mois-de-prison-pour-licone-palestinienne-ahed-tamimi-3605876

## 4

## LE CONFLIT DES SOUVERAINETÉS

Si la prétention de la Loi à être mienne est sans fondement, mes actions ne sauraient être définies comme si je devais quelque chose à l'État. À la limite, pourquoi ne pourrait-on pas dire que c'est l'État qui me désobéit quand il agit différemment de ce que je veux ? En fait, entre moi et l'État, entre ma volonté et la Loi (qui est la volonté d'autres devenue Loi), il y a seulement des rapports de force externes : les rapports politiques sont des relations sans intériorité. Lorsque je décide d'agir différemment de la Loi, je ne produis pas un acte de désobéissance mais un acte souverain qui entre en conflit avec d'autres volontés souveraines. J'affirme ma volonté, et, éventuellement je rencontre d'autres volontés qui prétendent guider mon corps et mon esprit autrement. C'est donc une situation de concurrence, peut-être de guerre civile, pas de désobéissance. Il n'y a pas de désobéissance car il n'y a pas de sens à faire de l'obéissance l'attitude première[1].

---

1. Je pense d'ailleurs que, d'un point de vue stratégique, la rupture avec tout légalisme éthique impose de rompre avec toute forme de comportement sacrificiel dans l'action politique. Le fait de trop croire à la Loi, de trop vouloir l'affronter contribue parfois à l'adoption de stratégies qui se pensent comme résistantes mais qui conduisent en fait à se livrer à l'appareil

*La Loi n'importe pas*

Alors qu'elle prétend s'appliquer à des actes de résistance forts, la notion de désobéissance empêche en fait de déployer un langage radical. Dire « je désobéis » à l'État, ce n'est pas le mettre en danger, c'est lui dire : « Je t'appartiens. » Mais dire « je ne t'appartiens pas, nous nous affrontons », c'est une tout autre histoire. Et cela engage de tout autres conséquences.

En tout cas, d'un point de vue stratégique, nous comprenons que nous ne sommes jamais engagés envers ce qui se nomme Loi. Ce n'est pas parce que je suis en minorité dans un pays, ou que, avec celles et ceux avec qui je partage mes vues, nous ne sommes pas parvenus à nous mobiliser pour conquérir l'appareil d'État que nous devons quelque chose aux groupes concurrents qui, eux, y sont parvenus. Cela ne veut évidemment pas dire que nous devons nécessairement vouloir autre chose que ce que veut la Loi, mais que le fait de nous conduire comme la Loi le demande doit être fondé sur des considérations éthiques, morales, économiques, etc., et en aucun cas sur le caractère légal de l'action en tant que tel qui ne fournit jamais un critère suffisant de validation.

Dans les textes sur la démocratie, on trouve pourtant souvent des tentatives pour justifier la légitimité du fait que

---

répressif d'État – l'adoption d'une défense de rupture dans les procès politiques en est un exemple. Cette attitude représente selon moi une sorte de manifestation paradoxale d'une soumission à la Loi et à l'État puisque, en fait, tout en ayant l'air de leur résister, on va au-devant de ce que ces entités veulent faire de nous et l'on surinvestit la signification de la confrontation avec elles. Puisque nous ne devons rien à la Loi, la seule attitude légitime face à elle est le cynisme et le développement de stratégies efficaces pour échapper à son emprise, quelles qu'elles soient.

le groupe le plus nombreux décide – c'est la « règle de la majorité ». Mais cette règle ne contient-elle pas quelque chose d'indécent ? Pourquoi devrais-je accepter de me soumettre à une Loi tout simplement parce que, par hasard, sur le territoire où je suis né, ceux qui partagent une opinion opposée à la mienne sont plus nombreux ? En quoi le fait d'être minoritaire m'impose le devoir d'accepter une relation d'infériorité et de soumission – et quelle peut bien être la rationalité d'une telle considération ?

L'idée selon laquelle nous devrions normalement obéissance à la Loi structure nos rapports spontanés à la politique. Dans ses textes sur la désobéissance, Rawls écrit qu'il existe un « devoir naturel » des agents sociaux à obéir à des institutions justes, en sorte que le sujet qui désobéit doit être en mesure de justifier rationnellement son action[1]. On retrouve cette idée jusque sous la plume de Nelson Mandela, lorsqu'il affirme que tout sujet politique peut, à un moment ou un autre de sa vie, être traversé par un conflit éthique entre deux devoirs : obéir à la Loi ou obéir à sa conscience. Mandela présente le « respect de la Loi » comme une vertu. Entre nous et la Loi, il y aurait quelque chose de l'ordre de l'obligation. Et être citoyen ce serait, parfois, être déchiré entre cette obligation et cette « autre vertu » que serait l'obéissance au sens de la justice et « aux siens[2] ». Même si nous ne le formulons pas nécessairement aussi traditionnellement que

1. Luc Foisneau, « Rawls et la justification de la règle de majorité », *Raisons politiques*, n° 53, 2014, p. 63-79. https://www.cairn.info/revue-raisons-politiques-2014-1-page-63.htm

2. Nelson Mandela, *L'Apartheid*, Paris, Éditions de Minuit, 1985, p. 37.

Mandela, cette forme de légalisme éthique imprègne nos cerveaux, y compris dans les sphères les plus radicales. Cela apparaît d'abord, tout simplement, à travers l'usage du concept de désobéissance comme si l'obéissance aurait dû être l'attitude première. Mais cela se voit aussi au fait que la plupart des groupes militants qui décident d'agir différemment de ce que la Loi voudrait éprouvent souvent le besoin d'accompagner leurs actions d'un discours expliquant les raisons de leurs gestes. Michael Walzer note de manière très juste que l'idée selon laquelle nous avons à obéir aux lois ne veut finalement rien dire d'autre que la désobéissance doit être justifiée[1]. Ce qui signifie, si l'on inverse le raisonnement, que les énoncés prononcés à l'appui de la « désobéissance civile » s'inscrivent dans un cadre qui présuppose que nous devrions normalement « obéir ».

Peut-on présenter comme une vertu le « respect à la Loi » ? En quoi et pourquoi le sujet politique devrait-il quelque chose à « la Loi » ? En quoi la volonté des autres m'engage-t-elle ? Si nous comprenons que notre appartenance à l'État est le résultat du hasard de la naissance et d'une imposition forcée, que la Loi et une volonté qui nous vient du dehors, alors il n'y a aucune raison de nous situer, par rapport à la Loi, dans le registre de la justification, du devoir ou de la reconnaissance.

La conséquence d'une telle perception est que nous ne saurions accepter la distinction entre crime politique et délinquance ordinaire et que nous sommes fondés à affirmer que, par principe, tout prisonnier est politique.

1. Michael Walzer, « The Obligation to Disobey », *Ethics*, vol. 77, n° 3, 1967, p. 163-175. Citation p. 170.

Quand j'agis contre la Loi, c'est comme si je réaffirmais une déclaration d'indépendance. Et si je rencontre une opposition, alors cela signifie qu'une force d'occupation veut m'empêcher d'accomplir ma volonté. Il n'y a pas d'acte de délinquance qui ne pose la question de l'inclusion forcée et de l'annexion et qui ne soit donc, au fond, le lieu où se joue la question politique dans son essence même.

## *Face à face*

Au fond, il ne serait pas faux de dire que je retrouve ici la théorie de Rousseau du crime et du criminel. Rousseau affirmait en effet que le criminel s'exclut du corps politique quand il produit un crime : tout malfaiteur devient « traître » à la patrie ; il cesse d'en être membre en violant ses lois, et il lui fait la guerre. Ici, il y a l'idée selon laquelle l'acte d'opposition à la Loi place le sujet dans une position d'extériorité par rapport au corps politique et aux institutions qui la soutiennent – et que le rapport à la Loi devient un rapport de force : « Tout malfaiteur attaquant le droit social devient par ses forfaits rebelle et traître à la patrie. » Il y a néanmoins une différence entre la position que je défends et celle de Rousseau : chez Rousseau, lorsque nous agissons différemment de ce que pose l'État, nous passons de *in* à *out*, alors que, selon moi, il n'y a pas d'intérieur, nous sommes tous toujours déjà *out* et nous sommes seulement confrontés à des prétentions de l'État à nous inclure et à nous faire croire que nous sommes *in*.

Ce que nous appelons « politique » forme une scène où s'affrontent des souverainetés concurrentes, des pulsions d'occupation ou de libération. Nous sommes tous des petits souverains confrontés à d'autres souverainetés, des territoires occupés ou des forces impérialistes dotées d'armes et de capitaux inégaux, des sujets qui utilisent l'État pour envahir les autres ou qui essaient de se libérer.

Si les mots que nous employons nous empêchent de vivre adéquatement ce que nous sommes, c'est en grande partie parce que notre langage est marqué par une tendance à impliquer le sujet dans la politique, à coder la relation politique comme une relation inclusive, englobante, impliquante. Nous disons « notre Loi », « notre président », la « justice de mon pays », etc.

Articuler la pensée de la Loi à une métaphysique de l'appartenance et de l'implication contribue à convertir quelque chose que le sujet n'a jamais voulu en quelque chose dont il serait en partie l'auteur : ce vocabulaire fait passer une relation d'extériorité pour un rapport doté d'intériorité. Le contractualisme est la forme la plus exacerbée de cette transfiguration. La tradition contemporaine de réflexion sur la « démocratie délibérative » qui présente la politique comme une discussion à laquelle chaque sujet participerait s'inscrit dans le même dispositif en décrivant chacun de nous comme coauteur de l'ordre juridique.

La théorie politique repose trop systématiquement sur l'idée selon laquelle les individus rassemblés sur un territoire et dotés de la même nationalité forment quelque chose comme un « corps politique ». Cette représentation apparaît dans le fait qu'elle présente le monde comme un espace séparé en deux, avec les citoyens d'un côté et les étrangers de l'autre, les nationaux et les non-nationaux, ceux qui sont là et dont c'est le pays d'un côté et, de l'autre, ceux dont ce n'est pas le pays et qui sont là ou ailleurs. Agamben considère comme partage fondamental de la politique moderne celui entre l'étranger et le citoyen et affirme ainsi que la figure du « réfugié » met en cause les catégories de l'État-nation en brouillant cette démarcation[1]. Ce partage, certes, l'État le proclame. Mais cela ne signifie pas que nous devons penser le monde comme l'État veut que nous le pensions ni que les identités étatiquement proclamées sont réelles. Car si l'on décrit les actes officiels comme des fictions et non comme des performatifs, ne pourrait-on pas remettre en cause cette démarcation ? Je ne veux pas dire ici qu'il n'y a pas de différence objective entre les individus qui, sur un territoire, sont dotés de la nationalité et ceux qui ne le sont pas. Mais d'abord, peut-être y en a-t-il parfois moins qu'on ne le croit. Si l'on prend par exemple un habitant des quartiers populaires, qui ne vote jamais et qui subit des mécanismes de persécution, en quoi est-il « dans » quelque chose et en quoi sa situation et son identité sont-elles ontologiquement différentes d'autres individus dits « non-nationaux » mais dotés d'autres capitaux ? Mais surtout, on pourrait dire ceci : en quoi les individus qui possèdent une nationalité forment-ils ensemble une communauté ? On devrait peut-être comparer plutôt la nationalité ou l'appartenance nationale à une caractéristique dont les individus sont dotés ou non, dont ils se servent ou non, avec d'autres individus qui ont la même nationalité ou non, qui peut avoir aussi bien des aspects positifs – le droit de

1. Giorgio Agamben, *Homo sacer*, *op. cit.*, p. 118-120.

vote, parfois – que négatif – l'impossibilité de fuir et la capture.

L'opposition nationaux/étrangers transpose à un niveau ontologique ce qui n'est qu'une opposition dans certains droits et certaines capacités que les individus peuvent utiliser et les concepts de « corps politique » ou de « corps démocratique » créent l'illusion d'une participation commune à un champ à l'intérieur duquel est en jeu, précisément, l'exercice d'une domination et l'imposition d'un ordre de volontés jamais voulu ni reconnu.

# 5

## TERRITOIRES OCCUPÉS

Une théorie réductionniste qui part de la problématique de l'affrontement conduit à formuler un certain nombre de concepts et de principes : il y a 1/ une extériorité du sujet à l'ordre juridique, 2/ une nature coloniale propre à tout pouvoir, 3/ une absence d'appartenance du sujet à l'ordre qui l'a capté à la naissance, 4/ une non-pertinence de toute notion totalisante et incluante, 5/ un caractère vide de la légalité en tant que telle (la Loi n'importe pas), 6/ une conception du sujet comme être qui a subi une capture originelle puis une occupation, 7/ une dimension décisionnelle et particulière de toute Loi (l'État comme volonté).

Cette analytique débouche également sur un certain nombre d'implications sur les questions de la démocratie, de la violence et du droit, de la justice. Mais avant d'y venir, j'aimerais souligner ceci : de la même manière que Marx disait qu'il ne faut pas confondre les choses de la logique et la logique des choses, ce n'est pas parce que la scène de la confrontation constitue l'élément central pour construire une analyse politique que l'ensemble de notre condition s'y résume.

Prendre ainsi que je l'ai fait jusqu'à présent comme point de référence l'être qui se trouve en situation de confrontation avec la Loi – le délinquant, le prisonnier, le « désobéisseur » civil, l'individu arrêté –, et consacrer du temps à une discussion sur la catégorie de désobéissance est la condition pour formuler une *théorie* de la Loi, de l'État et du rapport du sujet à ces entités. Mais cela ne signifie pas que nos vies se déroulent uniquement sur le mode de l'affrontement direct et explicite. Si nous voulons aller au bout de la compréhension de ce que nous sommes, il faut faire attention à ne pas reproduire un biais très présent dans nos modes de réflexion, qui consiste à réduire la politique à sa dimension active et volontaire. Il faut au contraire insister aussi sur la dimension passive de nos existences : le sujet politique comme « spectateur », comme le dit Huey Newton.

### *Un inconscient contractualiste*

Même s'il va de soi que la plupart des théorisations de la politique n'appartiennent pas au courant « contractualiste » tel qu'il a émergé au XVIIe siècle, il n'en demeure pas moins que le contractualisme a laissé des traces profondes dans nos façons de penser. Il y a un inconscient contractualiste, une influence de cette forme de réflexion qui s'exerce même sur les courants les plus éloignés méthodologiquement de celui-ci.

Le contractualisme est avant tout cette doctrine qui fonde la relation du sujet à l'État sur un acte de consentement. L'axiome en est en quelque sorte résumé par Locke lorsqu'il affirme : « C'est le consentement qui nous constitue membre d'une république[1]. »

Le contractualisme définit un cadre de perception où le sujet naît comme sujet politique par un acte volontaire à travers lequel il se constitue comme membre du corps politique – si bien que le corps politique auquel il appartient et la Loi à laquelle il est soumis sont construits comme des prolongements de lui-même et de sa volonté. La thématisation de ce consentement fondamental peut prendre des formes différentes, mais le contractualisme pose systématiquement au fondement de la relation du sujet à l'autorité politique un acte d'adhésion volontaire.

Certes, aucun auteur ne défend aujourd'hui un dispositif aussi visiblement faux et mensonger et ne lie aussi directement appartenance et consentement. Même Rawls, qui a réactualisé le contractualisme dans la pensée contemporaine, reconnaît par exemple que l'idée selon laquelle le consentement réside dans la résidence (en sorte que le fait de ne pas partir d'un pays vaudrait assentiment au souverain qui y règne) est intenable : l'existence d'une possibilité formelle à l'émigration ne signifie pas un consentement de la part de celles et ceux qui restent : « L'autorité de l'État ne peut pas être librement acceptée au sens où les liens de la société et de la culture, de l'histoire et de l'origine sociale commencent très tôt à façonner notre vie. Ils sont normalement si forts que le droit à l'émigration (correctement qualifié) ne suffit pas à faire de l'acceptation de l'autorité de l'État un acte libre,

1. John Locke, *Le Second Traité du gouvernement*, Paris, Presses universitaires de France, 1994, p. 89.

politiquement parlant[1]. » Autrement dit, le lien politique n'est jamais choisi.

Mais même si les auteurs n'adhèrent plus à l'idée d'un consentement fondamental du sujet à l'ordre politique, la trace que le contractualisme a laissée dans les esprits a consisté à installer au cœur de notre vision de la politique la figure du sujet comme sujet actif, et donc à produire une distorsion dans nos modes de perception de la politique. Dans les théories du contrat social, le sujet politique, c'est le sujet qui contracte (et, en un sens, le sujet naît comme sujet politique le jour où il contracte, puisque celui qui se situe en dehors du contrat se place en dehors du cercle de la politique – c'est un ennemi, un barbare –, et donc il est placé en dehors du champ d'analyse de la théorie politique). Notre pensée s'inscrit dans cet héritage. Le sujet de référence de la théorie, en fait l'unique sujet décrit, est toujours un sujet actif et agissant : le sujet qui délibère, qui discute, qui vote, qui manifeste, qui lutte, qui destitue un pouvoir, qui écrit une constitution cachée sous un voile d'ignorance, qui sabote, qui participe à des rassemblements, qui fait la révolution, qui désobéit, qui divorce de sa société, qui dit « Nous sommes les 99 % ». Le sujet entre dans la théorie politique quand il entre dans l'action ; il naît quand il naît à la politique : c'est comme s'il n'y avait pas d'enfant, d'adolescent, de malade, pas de migrant qui vient de poser le pied sur le sol, pas de vieillard.

Dans la *Métaphysique des mœurs*, Kant explicite ce présupposé et souligne que le concept de « citoyen passif » semble « être en contradiction avec la définition du

1. John Rawls, *La Justice comme équité*, Paris, La Découverte, 2003, p. 135.

concept de citoyen en général[1] ». Hannah Arendt exprime la même conception en liant, dans *Condition de l'homme moderne*, le concept de politique à celui de l'action et de la parole. Elle réduit même la politique à cette dimension : « Le domaine politique naît directement de la communauté d'action. La *polis* proprement dite n'est pas la cité en sa localisation physique, c'est l'organisation du peuple qui fait que l'on agit et parle ensemble[2]. » Même lorsqu'elle élabore sa critique du contractualisme, Monique Wittig le fait à partir de la figure de la lesbienne précisément parce qu'elle *fuit* le contrat hétérosexuel imposé[3].

Or lorsque nous réfléchissons sur notre expérience réelle, lorsque nous nous retournons sur nous-mêmes et analysons ce que nous sommes et ce que sont nos vies politiques, ne doit-on pas reconnaître qu'elles se déploient plutôt non pas seulement majoritairement, mais quasi exclusivement selon une logique passive ?

Sandra Laugier souligne que l'une des questions que ne pose jamais John Rawls lorsqu'il réfléchit sur la désobéissance est celle de la situation de ceux à qui l'on n'a rien demandé et qui n'ont jamais eu leur mot à dire dans la sphère politique. La problématisation de Rawls – et plus généralement de la désobéissance civile chez de nombreux auteurs – s'adosse à une narration où le sujet est censé avoir donné son consentement à l'ordre juridique avant, à un moment, de le retirer. Mais quelle place accorde ce raisonnement à ceux qui n'ont jamais consenti à rien et n'ont jamais rien

1. Emmanuel Kant, *Métaphysique des mœurs*, dans *Œuvres*, Paris, Gallimard, 1986, p. 579.

2. Hannah Arendt, *Condition de l'homme moderne*, Paris, Pocket, 1983, p. 257-258.

3. Monique Wittig, *La Pensée straight*, Paris, Amsterdam, 2018.

dit ? « Telle est, en définitive, le paradoxe de la désobéissance : ne peuvent défendre leur revendication que ceux à qui leur consentement a été demandé (et qui pourraient donc à bon droit le retirer) – qui participent à la conversation de la justice. Mais si l'on ne m'a rien demandé[1] ? »

Cette remarque a une validité générale. J'ai toujours été frappé par les images que l'on peut voir à la télévision à propos de pays où sont en train de se produire des épisodes révolutionnaires. On parle d'agitation, d'insurrection, de crise de régime. On emploie les catégories totalisantes de « peuple », de « mobilisation ». Mais le plus souvent, à part quelques endroits agités où il peut y avoir des mouvements, de la tension, le reste est très calme, tout se passe d'une manière sereine, la vie continue : le marché, l'école, le travail, etc. Et par conséquent, ceux-là, les plus nombreux, vivent un rapport à la Loi qui échappe totalement à celui que vivent ceux qui sont en train de conquérir l'appareil d'État ou de s'en faire expulser. Ceux-là, quelle est leur vie politique ? Quelle est leur expérience ?

Une description de l'existence politique ne doit pas déformer l'image de la politique en oubliant ceux qui ne sont jamais là, qui ne disent rien et ne font rien, qui ne votent pas, qui ne manifestent pas, qui sont tout simplement là. La réalité de notre vie politique ne réside-t-elle pas d'ailleurs très largement dans ces moments où nous sommes devant la télévision et où nous voyons s'afficher les résultats des élections et où nous nous disons : voilà,

---

1. Sandra Laugier et Albert Ogien, *Pourquoi désobéir en démocratie ?*, Paris, La Découverte, 2011, p. 34. Sandra Laugier, « Désaccord, dissentiment, désobéissance, démocratie », art. cité, 2004, p. 39-53.

tel sera le gouvernement sous lequel je suis désormais condamné à vivre – et il n'est pas impossible de comparer les sentiments que l'on ressent lors de cette situation à ceux que l'on doit éprouver lorsque l'on voit des chars venir occuper la place où l'on habite. Les formes d'action politique dans lesquelles nous nous investissons parfois – la manifestation, la délibération, la protestation – occupent une partie infiniment petite de nos existences et il n'y a aucun sens à les ériger en symboles de nos vies. D'autant que nous savons tous très bien que la suite de telles actions n'a souvent rien à voir avec ce que nous voudrions voir advenir – quand ce n'est pas qu'elles débouchent sur rien –, en sorte que ces temps de participation sont plutôt des temps où quelque chose nous échappe que des temps où nous façonnons le monde.

### *Naissance et capture*

La relation à l'ordre politique prend la forme d'un rapport d'extériorité et de passivité et non d'un rapport d'activité et de co-construction. D'ailleurs, il y a un sujet que n'aborde jamais la théorie politique : celui de la naissance et de l'apparition sur un territoire. Que veut dire naître ? Que veut dire arriver sur un territoire ? Et comment, à partir de là, décrire ma relation à la Loi ? Cette question n'est pas thématisée par la théorie, parce que le sujet y est appréhendé comme naissant comme sujet au moment où naît son activité politique.

Le rapport à l'ordre juridico-politique ne s'établit pas à travers un acte de constitution, de reconnaissance ou de signature. Naître comme sujet politique, c'est naître dans un État qui est déjà là. C'est évoluer sous un ordre juridique qui me précède et que je n'ai pas choisi et que je ne choisirai probablement jamais. Il n'y a jamais de consentement, ni fondamental ni processuel, et les formes de la participation politique sont si restreintes que l'on ne saurait tirer de quelques manifestations, de quelques votes – si tant est qu'ils soient victorieux, et même s'ils le sont – une participation à l'élaboration de l'ordre juridique.

Je n'ai pas choisi de naître ici, à ce moment-là. Je n'ai pas choisi mon lieu ni ma date de naissance. J'ai été, un jour, jeté sur ce territoire. Et alors que je ne pouvais pas parler, que je ne comprenais pas la langue, et que je ne pouvais peut-être même pas entendre ce que l'on me disait, une entité a prétendu s'emparer de moi, m'a envoyé des papiers et m'a dit : tu es de cette nationalité, tu m'appartiens. Voici la Loi à laquelle tu dois obéir et le système pénal qui s'emparera de toi si tu ne la respectes pas. Tu peux vouloir la Loi ou vouloir autrement que la Loi, tu peux vouloir le monde que la Loi institue ou vouloir un autre monde, mais cela ne change rien.

La naissance du sujet politique incarne peut-être l'un des rares actes d'imposition pure, où le sujet n'a rien à dire et ne dit rien. La scène inaugurale du sujet politique ne saurait même pas être décrite comme une dépossession, car il n'y a pas d'identité propre préalable qui lui serait volée.

## *L'État, c'est ce que je ne peux pas fuir*

Le fait que l'existence du sujet politique se déroule dans le registre de l'imposition apparaît avec d'autant plus d'évidence quand on analyse la nature de notre lien à l'État. L'État est peut-être en effet la seule forme sociale qui échappe à ce que Pierre Bourdieu appelait la logique paradoxale du pouvoir et qui consiste dans le fait que d'ordinaire, dans le monde social, je ne suis soumis à un pouvoir que si j'accepte cette soumission.

Lorsqu'un sujet est pris dans une relation de pouvoir, c'est toujours un peu, dit Bourdieu, avec sa complicité objective. Il n'y a pas de pouvoir qui ne s'exerce sur un individu si celui-ci ne s'inscrit dans son champ d'exercice. Si je me situe dans le champ littéraire, je suis exposé aux pouvoirs qui s'y exercent ; mais il suffit que j'arrête d'écrire, que j'arrête d'y croire, que je m'en aille cultiver des tomates au soleil, bref que je sorte du champ pour que ce pouvoir n'existe plus pour moi. C'est uniquement si je m'investis dans un monde donné, si j'accorde de l'importance à ce qui s'y déroule, si j'en reconnais les enjeux, que je peux subir les pouvoirs qui s'y déploient et que je suis sensible aux verdicts qui y sont énoncés. C'est parce que je crois et adhère aux enjeux internes à un champ (ce que Bourdieu appelle l'*illusio*) que je suis partie prenante de la lutte qui s'y déroule : si je n'en peux plus, je peux partir, et, de ce fait, le pouvoir spécifique qui se déploie dans ce champ ne s'appliquera pas à moi – il restera extérieur à moi et ne me concernera pas.

Mais il y a une spécificité de l'État. L'État est la seule instance du monde social qui fait exception à cette logique. L'État m'inscrit de force sous son autorité : je n'ai jamais choisi d'y appartenir. À ma naissance, je suis pris de force dans son autorité. Il n'y a jamais de consentement premier. Et de surcroît, l'État me retire la possibilité de me séparer de lui. Je ne peux pas quitter l'État comme je quitte ma famille, mon quartier ou mon emploi. Je ne peux pas créer mon propre État et dire à l'État :

je fuis ta législation, je refuse que tu viennes m'arrêter si j'agis d'une autre manière que tu le juges permis.

Il arrive que certains individus changent de nationalité. Mais la possibilité de récuser sa nationalité n'est pas accordée par tous les États et, de toute façon, les règles de cette récusation sont déterminées par l'État, en sorte que c'est toujours lui qui décide en dernière instance : je ne peux pas partir unilatéralement mais seulement si l'État m'y autorise ; je ne peux partir que s'il n'y a pas de problèmes entre nous, si je ne suis pas recherché, poursuivi… Bref, c'est l'État qui a le premier mot et le dernier mot. Si l'on cherchait à dégager une spécificité de l'État, on pourrait la désigner ainsi : l'État, c'est ce que je ne peux pas fuir. C'est ce à quoi je ne peux pas échapper. Et l'on comprend alors à quel point la construction théorique du contractualisme est biaisée, qui place le consentement à l'origine de ce qui est peut-être l'une des seules formes sociales à laquelle nous ne consentons jamais, l'un des rares rapports sociaux d'où est totalement absente la logique du consentement.

### *Loi et rapport au monde*

La quantité d'expériences subies par le sujet politique apparaît enfin d'autant plus grande que l'on va au bout d'une compréhension de la Loi et de l'action de la Loi. Le juriste H. L. A. Hart note en effet que la réflexion philosophique ou sociologique sur le droit est souvent incomplète parce qu'elle s'appuie sur une conception trop limitative : lorsque nous prenons la Loi pour objet, nous définissons en général l'ordre juridique comme un système de normes soutenu par des menaces[1]. C'est la figure typique du droit pénal, qui impose d'accomplir ou de ne pas accomplir un certain nombre d'actes et qui promet une peine contre celles et ceux qui iraient à l'encontre de ces injonctions.

Mais le droit a une autre dimension. C'est aussi, dit Hart, une activité qui crée des formes sociales, qui façonne et solidifie des cadres institutionnels, et qui fournit parfois aux individus des soutiens pour accomplir leur volonté. L'un des exemples que prend Hart est l'institution du mariage, forme juridique mais qui ne répond pas à la définition d'un ordre soutenu par des sanctions : il est une possibilité offerte par le droit aux individus pour accomplir leur vie, et il ne revêt pas de caractère obligatoire. Ces types de formes juridiques sur lesquelles Hart attire l'attention ne constituent pas seulement des cadres qui, comme le mariage, fournissent des opportunités aux individus : les réglementations juridiques qui rendent possible et encadrent par exemple l'existence des prisons, des abattoirs pour tuer des animaux, ou la création d'une fiction comme celle de « personne morale » dotée de consentement, ressortissent exactement à la même catégorie où l'ordre juridique intervient comme créateur et instaurateur de formes[2].

Quand nous pensons à ce que la Loi nous fait subir, il ne faut donc pas se limiter à la situation où nous pourrions vouloir agir autrement que ne le permet la Loi. Si nous adoptons une compréhension de la Loi comme un

1. H. L. A. Hart, « The Variety of Laws », dans *The Concept of Law*, Oxford, Oxford University Press, 2002, p. 26-49.

2. Sur la notion de personne morale dotée d'un consentement propre, voir le livre important de Samuel François, *Le Consentement de la personne morale*, Paris, LGDJ, 2020.

ordre qui structure les relations sociales et les formes de la vie, alors nous devons prendre en compte l'action de la Loi sur nos imaginaires, c'est-à-dire aussi bien ces situations où je pourrais vouloir un autre monde que celui que la Loi fait exister que la manière dont la Loi délimite le possible et le pensable.

Lorsque je nais, je suis jeté dans un monde où il y a de la prison, des abattoirs, des rapports de production, du salariat, une organisation de la justice pénale… Ces cadres sont structurés juridiquement et ils s'imposent à moi. Ils organisent ma vie et la vie des autres. Il m'est imposé de vivre dans un monde où ils sont là. Dès lors, si, par exemple, je suis pour l'abolition de la prison mais que je vis dans un monde où il y a de la prison, si je suis pour l'abolition des abattoirs dans un monde où la Loi autorise l'existence d'abattoirs, si je suis contre le salariat dans un monde où il y a du salariat, alors la Loi structure un monde que je ne veux pas – ou, pour le dire plus clairement : d'autres gens que moi, qui se trouvent dans le même État que moi, se donnent le droit de m'imposer *via* la Loi de vivre dans ce monde que je ne veux pas. Je suis occupé par leur volonté.

Prendre en compte ces situations de décalages, de désaccords, de colères permet de comprendre à quel point ce n'est pas en tant qu'acteur-citoyen que nous vivons mais en tant que spectateur-territoire occupé. C'est aussi en regard de nos rêves et nos désirs que doit s'évaluer notre situation politique : il faut prendre en compte à la fois l'écart entre nos utopies et le monde réel dans lequel nous sommes condamnés à vivre, mais aussi le fait que la Loi, par la façon dont elle institue le monde, limite jusqu'à nos capacités à envisager d'autres agencements, l'espace des questions et des luttes possibles…

# V

# LA QUESTION DE LA DÉMOCRATIE ET DU DROIT

# 1

## AU-DELÀ DE LA DÉMOCRATIE

Dire que la Loi se présente toujours au sujet sous la forme d'une volonté étrangère et qu'il y a une nature coloniale du pouvoir politique ne veut pas dire qu'il n'y a pas de différences entre les sociétés que nous avons pris l'habitude de désigner comme « coloniales » et les sociétés que nous avons pris l'habitude de désigner comme « démocratiques ». Une telle proposition serait absurde et indécente. En même temps, les analyses que je m'efforce de forger depuis le début visent à complexifier cette distinction et à produire de nouveaux modes de nomination et de classification des régimes.

D'abord, la distinction entre « colonie » et « démocratie » ne devrait pas être postulée comme une évidence et il ne faut pas en surestimer la réalité. Il y a beaucoup d'individus et de groupes qui, dans les sociétés dites démocratiques, vivent dans des situations proches des situations coloniales : W. E. B. Du Bois souligne par exemple dans un texte de 1945 intitulé « Les droits de l'homme pour toutes les minorités » que, même s'ils n'ont pas de colonies, on ne saurait considérer les États-Unis comme un pays où ne se pose pas la question coloniale. Celle-ci est présente au contraire à l'intérieur même de ce territoire : il mentionne les travailleurs qui vivent dans les quartiers pauvres en périphérie des villes ou les Noirs qui subissent la discrimination et la ségrégation raciales[1]. Ces groupes vivent dans des conditions objectives de répression, de privation, de ségrégation, qui sont des formes de la colonie. Si l'on pense, en France aujourd'hui, à la situation des quartiers populaires, à la ségrégation sociale, raciale et territoriale, à l'exclusion quasi totale du jeu électoral, si l'on pense, *a fortiori*, aux individus placés dans des camps de rétention, en Europe ou aux États-Unis, on peut tout à fait reprendre l'expression de Du Bois et parler de réalités quasi coloniales à la fois en termes de droits politiques objectifs, de droits civiques et de conditions réelles d'existence. Il y a des différences entre les sociétés dites « coloniales » et les sociétés dites « démocratiques », mais il y a aussi des similitudes, en tout cas pour certains groupes.

Les lois et les droits ne fonctionnent pas d'une manière identique selon les groupes et les appartenances, en sorte que l'appréciation de la nature d'un régime politique ne devrait pas être globale et prétendre valoir pour l'ensemble d'une population sur un territoire. Même lorsque nous vivons dans un même territoire, nous ne vivons pas sous le même régime juridique ni sous la même gouvernementalité. On peut imaginer que, avec les mêmes lois, certaines catégories de la population vivent dans une situation « démocratique » au sens où l'on emploie couramment ce terme et d'autres en situation « coloniale », parce que l'ordre juridique y produit pour eux des effets antagonistes. Comme je l'ai avancé dans *Le Combat*

1. W. E. B. Du Bois, « Human right for all minorities », dans *Speeches and Adresses, 1920-1963*, Atlanta Pathfinder Press, 1970, p. 217.

*Adama*, aujourd'hui, en France, les jeunes garçons des quartiers, comme les jeunes Noirs aux États Unis vivent sous une gouvernementalité qui ressemble très largement à celle d'un État policier, puisque la police exerce sur leur vie et leur apparition publique un pouvoir total et sans dehors[1]. Les régimes politiques ne doivent pas être caractérisés par entité territoriale, mais localement, au cas par cas, par groupes – ce qui diminue la pertinence de toute classification trop stricte des régimes[2].

## *Colonie* vs *Démocratie*

La question coloniale s'articule toujours à de multiples dimensions, raciales, économiques, sexuelles. Mais si l'on se limite au problème de la sujétion politique, notre manière de désigner « la démocratie » et « la colonie » comme deux régimes antinomiques repose toujours sur une définition mythologique de la forme démocratique et du rapport du sujet démocratique à la Loi ou au gouvernement.

Notre appréhension de la différence entre « colonie » et « démocratie » convoque un imaginaire de l'autodétermination. La sujétion coloniale est opposée à la sujétion démocratique au sens où, dans la colonie, les sujets ne seraient pas souverains, ils seraient soumis à un ordre

1. Geoffroy de Lagasnerie et Assa Traoré, *Le Combat Adama*, *op. cit.*

2. C'est la raison pour laquelle on ne saurait même pas trouver, comme le voudrait Kelsen, l'unité du peuple dans le fait que l'ensemble des actes accomplis par la multitude d'individus présents sur un territoire sont malgré tout soumis à un même ordre juridique. Puisque, d'un point de vue pratique, les lois ne fonctionnent pas de la même manière pour chacun d'entre nous et que nous ne vivons pas tous sous la même légalité, il n'y a rien de tel qu'un ordre juridique partagé. Hans Kelsen, *La Démocratie, sa nature, ses valeurs*, Paris, Sirey, 1932.

juridique qui n'est pas le leur quand, en démocratie, les sujets sont pensés comme les auteurs de leurs lois et se gouvernant à travers elles. C'est pourquoi la réponse politique à une situation coloniale a toujours pris la forme d'une lutte dite de « libération » destinée à permettre l'autodétermination du peuple par lui-même. Le Black Panther Party définissait la lutte des Noirs comme une lutte pour l'indépendance et non pour l'intégration dans l'ordre juridique américain. Cette représentation du pouvoir colonial comme pouvoir imposé, surgi de l'extérieur, transparaît dans la prégnance de la thématique du clivage, de la séparation, du sujet scindé dans la littérature sur le sujet colonial de Frantz Fanon à Achille Mbembe.

Les termes « colonie » et « démocratie » fonctionnent dans notre imaginaire comme les représentants de deux modes de construction du sujet politique et de la souveraineté. Ainsi, dans son important ouvrage *L'Autre Citoyen* sur le régime politique dans les Antilles après l'esclavage, Silyane Larcher entreprend une critique du statut juridico-politique des Antilles, de la Guadeloupe et de la Réunion après 1848. Il y aurait un paradoxe dans la situation des citoyens habitant ces territoires puisque, à la fois, ils deviennent de plein droit des citoyens français en avril 1848 et sont dotés des mêmes droits civils et politiques que ceux de la métropole. Mais en même temps, leurs territoires sont placés en dehors de l'application de la constitution commune et sont régis par des lois particulières. En d'autres termes, les Antillais se trouveraient dans une situation étrange : ils peuvent envoyer au Parlement des députés qui voteront des lois… mais ces lois ne s'appliqueront pas à eux. Ils seront en revanche soumis à des lois qu'ils ne voteront pas. Cette logique d'inclusion/exclusion complexifie évidemment la question coloniale. Mais en même temps, l'un des axes d'opposition entre la métropole et les Antilles déployé dans l'étude de Larcher repose sur l'affirmation selon laquelle, dans le premier cas, les « citoyens » sont soumis aux lois qu'ils « votent » alors que ce n'est pas le cas aux Antilles[1]. Pour déployer non seulement son argumentation, mais aussi sa vision du réel et son opposition entre deux formes de sujétion politique, le livre convoque donc une distinction entre « démocratie » comme régime dans lequel le peuple se gouverne lui-même – les sujets sont souverains – et « colonie » comme régime où il y a scission entre sujétion et souveraineté et, donc, imposition d'une Loi extérieure : je suis gouverné par une Loi que je n'ai pas votée.

Pourtant, en quoi l'ordre juridico-politique qui s'impose à un sujet malgré lui sur un territoire donné, même à la suite d'une opération électorale, est-il *son* ordre juridique ? En quoi, moi aussi, ne suis-je pas *extérieur* à l'ordre juridique français ? À partir de quel fondement objectif, de quelle observation peut-on dire que je me gouverne moi-même, que je suis un sujet-souverain quand la Loi votée par le Parlement, c'est-à-dire par quelques députés, par quelques gouvernants (par quelques colonisateurs), s'applique à moi ? N'y a-t-il pas ici à l'œuvre, comme dans toute la théorie politique, un présupposé culturaliste voire ethniciste ? En quoi est-ce « le peuple » qui se gouverne lui-même dans ce qu'on appelle la « démocratie » ?

Si nous ancrons nos raisonnements dans la réalité des opérations électorales, des forces sociales, des logiques politiques, l'opposition entre sujétion coloniale et sujétion

1. Silyane Larcher, *L'Autre Citoyen*, Paris, Armand Colin, 2014, p. 19-20.

démocratique telle qu'elle est habituellement formulée ne permet pas de décrire la vérité de l'expérience du sujet. On peut aller plus loin et dire les choses sur un mode affirmatif : puisque nous ne pouvons articuler une différence entre « colonie » et « démocratie » qu'à l'aide de catégories fictives – « le peuple », « la souveraineté populaire » – et de récits mythologiques – « le peuple s'administre lui-même à travers le vote » –, en fait, nous ne pouvons pas articuler cette différence, nous ne pouvons pas la fonder de manière non mythologique – ou, autrement dit, c'est une différence mythologique. Ou alors, c'est une différence qui doit être pensée à partir d'autres critères.

## *De l'individuel au global*

Si l'opposition entre « démocratie » et « colonie » comme opposition entre « un peuple qui se gouvernerait lui-même » et « un peuple qui recevrait ses lois de l'extérieur » paraît néanmoins cohérente, c'est parce que nous appliquons à des entités collectives un raisonnement valable au niveau de l'individu, mais sans prendre garde au caractère problématique d'une telle transposition. À l'échelle individuelle en effet, je suis libre si j'obéis à ma volonté et l'on m'impose quelque chose si une volonté extérieure à la mienne vient conduire ma conduite. Mais le problème est que, à un niveau global, tout change. Lorsque l'on passe du niveau individuel à celui d'un collectif d'individus (un peuple), un saut qualitatif a lieu, qui rend les notions d'autonomie et d'autogouvernement dénuées de sens : un peuple ne se gouverne pas. Un peuple est un espace où des individus en gouvernent d'autres. C'est un lieu d'affrontements entre des groupes, des fractions de groupes, des intérêts, et la volonté qui en ressort s'inscrit dans une série d'antagonismes et en constitue l'un des modes d'expression. Les catégories totalisantes et les récits qu'elles soutiennent perdent à ce niveau toute pertinence et il devient impossible de maintenir notre définition courante (procédurale) de la sujétion démocratique.

## *Imaginaire*

Une analyse du rapport du sujet à la politique ne saurait certes nier le fait que l'imaginaire démocratique fictif peut avoir un effet pratique et servir à l'action et la mobilisation. Jacques Derrida a par exemple montré comment Nelson Mandela s'était appuyé sur le contractualisme et le constitutionnalisme anglais pour fonder sa critique du régime d'apartheid, appeler à la révolution et justifier des actions clandestines et illégales. Dans « Admiration de Nelson Mandela », Derrida analyse en effet les déclarations que celui-ci a faites en Afrique du Sud lorsqu'il a été jugé, et condamné, deux fois, en 1962 et en 1964[1]. Derrida analyse la scène au cours de laquelle Mandela fait face au juge – et qui est assez proche de celle de Ahed Tamimi devant les juges israéliens. Mandela leur parle, il témoigne et défend son passage à la clandestinité, à la lutte armée, au sabotage, à la grève illégale. Et justement, il revendique cette action au nom de la Loi – Mandela était avocat. Derrida montre que le dispositif qu'il met en place consiste à se servir de l'appareillage théorique du constitutionnalisme et de la théorie du contrat social

1. Jacques Derrida, « Admiration de Nelson Mandela », dans *Psyché*, Paris, Galilée, 1992.

pour fonder une pratique révolutionnaire et dissidente. La théorie du contrat social lui permet de dire aux juges : ce que vous appelez Loi n'est pas la Loi. C'est le résultat d'un coup de force. Certes, il y a toujours un coup de force à l'œuvre dans l'acte de déclaration d'une constitution. Mais une constitution acquiert force de Loi si elle est énoncée au nom du peuple tout entier, si elle inclut le peuple tout entier dans le moment de sa déclaration. Or la constitution de l'Afrique du Sud n'est pas fondée sur cet acte d'inclusion. Mandela le dit : mon peuple et moi sommes placés en dehors de la constitution. Dès lors, cet acte ne peut pas prétendre être une Loi. La validité de la constitution est nulle. Elle n'a pas de valeur juridique, car « mon peuple et moi » en sommes exclus. Il n'y a pas de Loi. À l'inverse, les actions de Mandela, qui s'autorisent de l'idée de cette Loi à venir, de cette constitution pour tous les Africains du Sud, sont, elles, légales. Elles se situent dans l'optique de la Loi et de la fondation démocratique[1].

Mandela utilise donc dans ses discours la conceptualité de la théorie politique pour renvoyer l'État au crime, les actions gouvernementales au criminel, et la pratique révolutionnaire au droit. Le gouvernement se fonde sur un acte de force, qui est contraire à l'idée de Loi, quand l'action révolutionnaire, qui entend fonder une nouvelle constitution pour le peuple tout entier, peut s'appuyer sur un concept de légalité à venir. Mandela considère qu'en agissant, en organisant une grève interdite, il a fait son devoir envers son peuple et que c'est le gouvernement qui est criminel et qui aurait dû être traduit devant les juges[2].

1. Nelson Mandela, *L'Apartheid*, *op. cit.*, p. 29.
2. *Ibid.*, p. 53.

En un sens, si l'on se situe dans le cadre de la théorie politique, l'argument de Mandela/Derrida est fort. Mais n'y a-t-il pas un risque à dire que l'on mène une action politique au nom d'un « peuple tout entier » et que la Loi peut être fondée sur quelque chose comme la « volonté de tous » ? Car cette rhétorique ratifie, renforce et réinstalle tout un ensemble de perceptions mutilantes dans le moment même où il s'agirait de mettre en place un processus de libération. Et même, on pourrait se demander si la focalisation sur la question de procédure est si importante. L'enjeu n'est pas de savoir si la constitution est fondée sur l'action d'une minorité ou sur la volonté du peuple tout entier. Après tout, toute constitution est un coup de force et il n'y a pas de fondation totale où tout le monde serait là, et il est certain que, en Afrique du Sud, nombreux étaient ceux qui étaient opposés au processus de transition constitutionnelle inaugurée en 1991. La question n'est donc pas celle de la « totalité », du peuple tout entier, c'est celle des libertés concrètes, de l'égalité raciale, sexuelle et économique ; et l'on sait comment l'Afrique du Sud aujourd'hui a reproduit un système d'apartheid et de ségrégation raciale malgré la constitution nouvelle[1]. Le problème, ce n'est

1. Sur la manière dont une révolution politique peut constituer une manière de ne pas faire la révolution socialement, voir Samuel Hayat, *Quand la République était révolutionnaire. Citoyenneté et représentation en 1848*, Paris, Seuil, 2014. La critique contemporaine de l'Union européenne et des traités européens est par exemple très souvent indexée à l'idée selon laquelle le gouvernement technocratique serait autoritaire car il nous priverait de l'exercice de « notre souveraineté populaire ». Mais après tout, encore une fois, cette invocation est vide de sens ; la critique devrait porter plutôt sur l'ordre concret souhaité. Les désaccords politiques sont substantiels, pas

pas le fondement de la constitution, c'est la ségrégation raciale et l'oppression économique.

## *Au-delà de la forme*

Au fond, à partir du moment où l'on saisit la non-pertinence des concepts totalisants comme ceux de peuple ou de *dèmos* et donc que l'on renonce à tout fantasme d'autogouvernement, on comprend que c'est bien la valeur du mot « démocratie » que nous devons interroger. S'il est vrai que la définition courante de la démocratie repose sur des abstractions qui n'ont aucun sens du point de vue de la réalité du processus politique, ne devrions-nous pas forger d'autres critères pour évaluer les régimes dans lesquels nous vivons et donc aussi pour nommer notre idéal politique ? Après tout, il n'y a pas de fin de l'histoire et il n'y a pas de raison de penser qu'il n'y a pas de possibilité de trouver d'autres mots pour décrire ce que nous voulons…

La notion de « démocratie » recouvre en fait un ensemble de significations très différentes – le vote, les droits politiques, le pluralisme, la protection des minorités, l'indépendance de la justice… Mais parce que chacun mobilise l'une de ces acceptions en fonction des buts poursuivis et du contexte donné, c'est une notion qui, au lieu de clarifier les choses, obscurcit notre rapport au réel.

En tout cas, il est certain qu'il n'y a rien à gagner à incorporer dans notre pensée une mystique de

formels, car l'ordre juridique est toujours une décision imposée de l'extérieur par certains à d'autres.

l'autoreprésentation[1]. Toute Loi, tout gouvernement, toute constitution, toute décision est et sera toujours l'expression d'une volonté particulière et elle sera nécessairement pour celles et ceux qui ne la veulent pas la volonté de gouvernants extérieurs à eux. Aucune procédure ne permet d'échapper à cette logique (c'est pourquoi Durkheim avançait déjà que la démocratie est indistincte de l'aristocratie).

La déconstruction réductionniste impose donc d'élaborer une vision politique débarrassée de tout fétichisme des formes, des procédures et des fondements. Pour évaluer et classer les régimes politiques, la seule base objective qui reste est celle qui consiste à prendre en compte les conditions réelles de vie et les libertés éprouvées par ceux qui y sont assujettis. Une comparaison rationnelle entre les systèmes juridiques doit s'appuyer sur une description des conditions d'existence et des droits[2]. Si nous voulons par exemple caractériser la différence entre les systèmes coloniaux et les régimes dits « démocratiques », il ne faut pas le faire en termes « formels » mais plutôt, comme Olivier Le Cour Grandmaison dans *De l'indigénat*, en reconstituant les dispositions répressives qui s'y appliquaient spécifiquement : internement administratif, responsabilité et amendes collectives, interdiction de circuler, absence de libertés publiques, exécutions…

C'est la raison pour laquelle on ne peut pas parler, comme l'historien Quentin Skinner dans son ouvrage *La*

1. Une redéfinition possible de notre idéal politique se trouve du côté d'une réflexion sur le droit, la rationalité juridique, le statut des juges constitutionnels. Voir Dominique Rousseau, *Sur le Conseil constitutionnel. La Doctrine Badinter et la démocratie*, Paris, Descartes and Cie, 1997. Et *Radicaliser la démocratie*, Paris, Seuil, 2015.

2. Olivier Le Cour Grandmaison, *De l'indigénat*, Paris, Zones, 2010.

*Liberté avant le libéralisme*, d'un « débat » entre les traditions libérale et néo-romaine de réflexion sur la liberté. La tradition libérale affirme que la liberté d'un individu dépend de l'état des lois qui règne sur le territoire où il vit, peu importe le régime dans lequel il vit : si les lois y sont les mêmes, je suis aussi libre dans une monarchie ou dans une république. La tradition néo-romaine affirme, elle, qu'un citoyen n'est libre qu'en république, c'est-à-dire s'il est l'auteur de ses propres lois et s'il vit dans une cité autonome[1]. Or affirmer qu'il y a une opposition entre ces deux traditions revient à négliger le fait que la pensée néo-romaine se déploie à partir d'une notion non interrogée et fantasmatique d'autodétermination ; elle oublie que l'origine de la Loi est par définition impure, extérieure à ceux qui ne la veulent pas, en sorte que, à la fin, la seule position dotée de sens est celle qui prend en compte l'ordre concret construit par la Loi.

1. Quentin Skinner, *La Liberté avant le libéralisme*, Paris, Seuil, 2000.

# 2

# PENSER LE DROIT CONCRÈTEMENT

Élaborer une théorie politique émancipée de toute mystique de l'autoreprésentation et de tout fétichisme des formes ne conduit pas seulement à interroger notre classification des régimes, mais aussi nos façons de nous rapporter au droit, de penser la pratique juridique et de concevoir l'idée de Loi et de Justice.

## *Ordre concret et critique du présent*

En 2018, alors qu'un juge ultra-conservateur était nommé à la Cour suprême américaine après des semaines de protestation, suscitant l'indignation, un texte de la philosophe Judith Shklar s'est mis à circuler dans les milieux progressistes qui posait la question de la légitimité différentielle des modalités de production de la Loi en « démocratie ». Extrait de son article « Positive Liberty, Negative Liberty in the United States », elle y affirme que la Cour suprême serait une institution antidémocratique par essence[1]. La démocratie serait le règne

---

1. Judith Shklar, « Positive Liberty, Negative Liberty in the United States », dans *Redeeming American Political Thought*, Chicago, Chicago University Press, 1998.

de la souveraineté populaire et de la règle de la majorité. Or, avec la Cour suprême, 9 personnes – et en fait 5 – ont le dernier mot et peuvent s'opposer à ce que « veut le peuple ». Ce serait donc une institution irréconciliable avec l'idée démocratique et le concept de souveraineté[1].

Ce type de rhétorique est souvent utilisée dans les discussions sur l'existence d'un « conflit » potentiel entre « démocratie » et « État de droit », puisque l'État de droit suppose des institutions qui, comme les cours suprêmes, le Conseil constitutionnel ou les juridictions internationales, peuvent aller à l'encontre du résultat d'un vote de l'Assemblée nationale, voire d'un référendum, et donc peuvent contraindre ce que voudraient la « volonté générale » ou ses « représentants ». La simple existence de telles institutions juridiques signifie que la souveraineté n'est pas en dernière instance détenue par « le peuple » mais par quelques juges[2].

Politiquement, des débats resurgissent régulièrement dès que le Conseil constitutionnel (ou la Cour suprême aux États-Unis) censure une Loi, quand la Cour européenne des droits de l'homme condamne un pays, ouvrant ainsi la voie à une dénonciation du « gouvernement des juges » qui s'exercerait au mépris de la souveraineté populaire. Cette logique, qui semble contradictoire avec la définition de la démocratie puisque des juges apparaissent comme se substituant aux assemblées élues, peut même aller plus loin. Il arrive que la justice

1. *Ibid.*, p. 113.

2. Voir sur ce conflit Manuela Cadelli, *Radicaliser la Justice*, Bruxelles, Éditions Samsa, 2018. Dominique Rousseau, *Sur le Conseil constitutionnel…*, *op. cit*. Et *Radicaliser la démocratie*, *op. cit*.

ne se contente pas de censurer des lois mais qu'elle produise des avancées législatives et donc qu'elle utilise son pouvoir pour faire la Loi elle-même[1].

En fait, l'existence même de telle discussion manifeste notre adhésion à une compréhension mythologique de la Loi. Il n'y a pas de Loi qui ait une valeur supérieure à elle-même, qui représente autre chose qu'elle-même, qui incarnerait quelque chose qui serait « la volonté générale » et à travers laquelle le peuple se gouvernerait lui-même comme je me suis efforcé de le montrer jusqu'ici. La Loi représente la volonté de ceux qui la formulent. Ce qui ressort d'un processus électoral, parlementaire ou judiciaire, se réduit toujours à l'expression de décisions spécifiques ou d'interprétations personnelles propres à certains gouvernants, qui s'imposent parce qu'elles sont dotées, dans l'espace où s'effectue le choix, d'un poids quantitatif plus grand. Lorsque surgit un conflit entre le Conseil constitutionnel et l'Assemblée nationale, il ne s'agit pas d'un conflit entre « la justice » et « la souveraineté populaire », mais entre la volonté de quelques juges et la volonté de quelques parlementaires. Et la seule manière dont nous pouvons savoir de quel côté nous nous situons sera de produire une évaluation *substantielle* de la Loi en tant que telle. Nous savons tous que, parfois, c'est la Cour suprême qui protège les droits contre les volontés de la majorité ou du gouvernement – en Californie par exemple, la Cour suprême a annulé un référendum victorieux qui voulait abolir le mariage entre personnes de même sexe. Parfois c'est au Parlement qu'une décision

1. Geoffrey Grandjean, *Pouvoir politique et audace des juges. Approche européenne et comparée*, Bruxelles, Bruylant, 2018.

progressiste est prise, parfois c'est à la Cour suprême, parfois encore c'est grâce à un référendum. Il n'y a pas de valeur intrinsèque de la procédure.

D'ailleurs, ne passons-nous pas nous-mêmes notre temps à changer nos raisonnements, à mettre l'accent sur telle ou telle définition de la démocratie en fonction des décisions prises par telle ou telle instance et de leur conformité à nos volontés ? Nous valorisons tantôt le raisonnement juridique et tantôt le processus électoral, tantôt le vote majoritaire et tantôt le pouvoir d'un juge, tantôt le vote à l'Assemblée nationale et tantôt le référendum selon notre position et les choix que nous voudrions voir s'imposer. Nous sommes substantialistes – et nous avons raison. Il n'y a pas d'autres solutions.

## *La valeur du droit*

Si l'on renonce à la croyance dans l'idée selon laquelle une procédure quelle qu'elle soit pourrait transmuer une volonté clivante en autre chose qu'elle-même, alors il apparaît que nous ne saurions jamais accorder une valeur à une décision juridique ou politique en nous fondant sur ses caractéristiques formelles ou ses modes d'adoption. Qu'une Loi ait été élaborée dans le respect des « procédures », qu'elle ait été votée par la majorité, qu'une décision soit « légale », « réglementaire », ne lui accorde aucune valeur ontologique propre. Cela ne la fait pas changer de nature. Elle ne deviendra jamais l'expression de la « volonté générale », de la « souveraineté populaire » ou de la rationalité juridique. D'autres décisions formellement correctes auraient pu être prises si d'autres individus, avec d'autres horizons culturels ou idéologiques, avaient occupé les mêmes positions de pouvoir, ou s'étaient mobilisés. Aucune procédure ne fera que la Loi sera autre chose que ce qu'elle est : une expression de volontés particulières et non partagées qui ne s'imposent que pour des raisons quantitatives dénuées de toute valeur. Parce qu'il est toujours possible qu'une seule personne ait raison contre des millions, nous ne saurions fonder un ordre juridique sur de telles considérations.

Mais alors : si nous n'adhérons plus aux récits qui soutiennent la croyance dans le fait qu'une volonté change de statut lorsqu'elle emprunte les voies procédurales instituées ou que la rationalité juridique contraigne le raisonnement, que nous reste-t-il comme critère pour élaborer ou évaluer (selon la position dans laquelle nous nous trouvons) une décision ? Comment nous situer, que ce soit dans l'adhésion ou le refus, par rapport à ce qui se nomme « Loi » ? Que peut-on appeler « droit » ?

Alors que l'imaginaire démocratique mythologique essaye de donner un fondement procédural et formaliste au droit comme si, par ces processus, les décisions acquéraient une sorte d'essence transcendantale, le réductionnisme nous entraîne vers une tout autre pensée et une tout autre pratique de l'ordre juridique. À partir du moment où l'on ne soumet plus le droit à une problématique formaliste ou procédurale, nous sommes nécessairement conduits à réfléchir à d'autres modes de perception. Et nous pouvons alors nous tourner vers les traditions qui insistent sur le fait que toute décision étatique ou légale produit des conséquences sur le monde et sur les corps, en termes d'accentuation ou d'allégement de la souffrance subie, même si cet aspect est souvent euphémisé, voire tout simplement gommé par le discours juridique classique[1]. La seule base objective qui nous reste pour déterminer l'action juridique et notre rapport à elle est l'évaluation de ces résultats pratiques. Une rationalité juridique réductionniste doit être, de part en part, une rationalité sociale.

## *Ordre concret, concept abstrait*

J'ai bien conscience qu'avancer l'idée selon laquelle nous devons réfléchir à une théorie de la pratique juridique qui partirait de sa relation au monde social pourrait immédiatement apparaître comme un retour à la doctrine de l'ordre concret de Carl Schmitt. Certes, Carl Schmitt s'est opposé aux lectures formelles du droit, au positivisme et au normativisme de Kelsen notamment, en affirmant que les normes de droit ne sauraient être soumises à une lecture purement interne. Le droit tirerait sa valeur des fonctions qu'il remplit et la science juridique est une science politique : « Le droit n'est pas un système de normes autonomes et abstraites, une pure fiction, mais il exprime l'ordre substantiel de la vie collective d'un peuple[2]. »

Néanmoins, malgré ce qu'elle prétend, la conception de Carl Schmitt n'est pas concrète et située au sens où une approche réductionniste le serait. Schmitt ne rompt avec les abstractions juridiques que pour baser son raisonnement sur d'autres abstractions, politiques

---

1. Voir Nils Christie, *Limits to Pain*, Eugene, Wipf and Stock Publishers, 2007 ; Robert Cover, « Violence and the Word », *Yale Law Journal*, vol. 95, 1986.

2. Dominique Séglard, *Du pouvoir*, Paris, Seuil, 2012, p. 203.

ou sociales celles-là. Affirmer que l'État est l'« unité politique du peuple », que les normes juridiques n'ont de sens que comme expression immanente de la volonté d'« une communauté », et donc faire reposer la réflexion sur le droit sur la catégorie de peuple, ce n'est pas penser le droit concrètement mais abstraitement[1]. C'est fonder un ordre coercitif sur une fiction de la « communauté » et du « peuple » – et c'est donc situer hors du droit son problème fondamental qui est d'intervenir dans les clivages sociaux. Si la décision juridique vaut ce que vaut son effet concret, cet effet ne peut, dans un monde d'antagonismes, être appréhendé et qualifié qu'en termes différentiels et relationnels. Au fond, on peut dire qu'il existe une étrange proximité entre la pensée de Kelsen et la pensée de Schmitt, qui consiste à vouloir fonder une décision juridique en invoquant un passé abstrait. Une règle juridique devrait s'inscrire dans quelque chose qui la précède et lui donne sa légitimité : soit une norme fondamentale, soit la volonté du peuple. Mais en fait, nous devrions penser le droit en rapport avec le futur, avec ses effets de pouvoir ou de contre-pouvoir.

### *Une conception substantialiste de la Loi*

Comment penser le droit à partir d'une théorie sociale et politique *concrète* ? En quoi élaborer une pratique juridique pleinement consciente de ses effets conduit à

1. Sur le mythe de l'unité chez Schmitt, voir Olivier Jouanjan, « Lire Herman Heller », dans *État et société politique*, Paris, Éditions de l'EHESS, 2018, p. 53-55.

redéfinir les concepts de Loi, de Justice, et l'économie générale de ces pratiques ?

Pour appréhender ce à quoi pourrait ressembler une doctrine sociopolitique du droit, je voudrais proposer que nous puissions nous inspirer d'un texte que Louis Althusser a publié en 1978 pour dissiper les malentendus à propos du concept de « dictature du prolétariat ». Althusser réfléchit sur le sens de ce concept alors que plusieurs partis communistes (notamment français et italien) ont pris la décision de renoncer à l'utiliser. Il regrette cette décision. Il considère que cela revient à céder aux intimidations des forces réactionnaires. Et Althusser va défendre ce concept et son usage comme nécessaire à la promotion d'une certaine conception de la pratique politique et de l'action.

Althusser le reconnaît bien sûr : « dictature du prolétariat » est une formule qui déstabilise lorsqu'elle a pour objectif de nommer une pratique politique à vocation émancipatrice. Mais précisément, il faut tirer parti de cette déstabilisation pour reconfigurer nos perceptions. En fait, la formule « dictature du prolétariat » choque car nous appréhendons spontanément le concept de dictature en lui donnant le sens d'une forme politique : il s'agirait d'un gouvernement au-delà des lois dont les actions seraient par nature violentes et arbitraires. Althusser ne le nie pas : il s'agit bien avec l'idée de « dictature du prolétariat » de penser quelque chose qui se situe au-delà de la Loi, ou en tout cas au-delà du cadre libéral de réflexion sur l'ordre juridique – et c'est d'ailleurs pour cette raison que ce concept m'intéresse ici.

Mais en revanche, Althusser insiste sur le fait que la dictature du prolétariat, ce n'est pas la dictature d'une

« forme politique ». On ne parle pas ici de la dictature d'un État, d'un gouvernement, de gouvernants. On parle de la dictature d'une classe sociale. La dictature du prolétariat, c'est la domination de la classe ouvrière. Et, selon Althusser, cela change tout. Il y a dans le monde social une multiplicité d'ordres et de formes où se déploient des rapports de domination : ordre économique, ordre politique, ordre juridique, ordre culturel, ordre idéologique, ordre scolaire... La dictature du prolétariat renvoie à une pratique politique dont la nature est indéterminée à l'avance. Son déploiement doit se déterminer *en fonction des intérêts du prolétariat dans chacun de ces ordres.* Et cela va prendre des formes très différentes selon les espaces concrets. Dans les formes de la production, cela passera par exemple par des nationalisations, l'autogestion et le contrôle ouvrier de la production. Dans l'ordre politique, la dictature du prolétariat sera l'inverse de la dictature au sens courant du terme, ce sera au contraire ce qu'il appelle la « démocratie la plus large » : réorganiser la politique selon une pratique *dictée* par les intérêts du prolétariat, c'est donner le pouvoir au plus grand nombre, c'est pousser la démocratie de masse jusqu'au bout : « La forme politique de la dictature du prolétariat doit être la démocratie la plus large. [...] Les formes politiques de cette domination ne peuvent sauf exception, et encore provisoire, avoir quoi que ce soit de commun avec les formes d'un gouvernement au-dessus des lois, donc violent et dictatorial. Ces formes sont normalement celles de la démocratie de masse la plus large[1]. »

1. Louis Althusser, « Marx dans ses limites », dans *Écrits philosophiques et politiques*, Paris, Stock, 1994, p. 444-529.

*Pluriel*

Dans le monde pluriel, chaotique, sans centre dans lequel nous vivons, où les modes de la domination et de l'exploitation prennent des formes complexes et où les pouvoirs sont par nature spécifiques, il est évident qu'il est impossible de souscrire au monisme qui soumet la société à une lecture unique en termes de classe. Mais l'analyse d'Althusser m'intéresse parce qu'elle permet de saisir qu'une pratique juridico-politique orientée par un idéal de justice concret est nécessairement conduite à prendre des formes variables selon les situations et les rapports de pouvoir.

Si l'on s'inspire de cette analyse, on comprend qu'écrire et appliquer une doctrine sociopolitique du droit suppose de construire les raisonnements et de prendre les décisions à partir d'une base objective qui pourrait être une appréhension sociologique du monde, des processus de domination et d'exploitation, de la réalité des rapports de pouvoir et des catégories sociales. Peut-être faudrait-il tenter d'élaborer un rapport au droit qui aurait pour fondement non pas ce que Althusser appelle les intérêts du prolétariat, mais un certain vitalisme qui se fixerait pour objectif de protéger les corps contre la mutilation, la maladie, le viol, la mort prématurée, la dégradation, la persécution et qui pourrait ainsi avoir une base objective… Une pratique juridique substantialiste devrait alors ouvrir la voie à l'idée d'un droit local, variable, au cas par cas – un droit qui pourrait changer de formes en fonction des situations précises et traiter différemment des situations différentes. Le droit n'énoncerait plus alors d'interdits absolus et abstraitement définis. Il appréhenderait les actions selon leurs orientation politiques ou en fonction de leurs modes d'inscription dans les structures de pouvoir et de leurs effets (en un sens, d'ailleurs, c'est déjà ce qui se passe, mais de manière déniée et contraire aux exigences d'une Loi juste, dans la pratique juridique contemporaine, lorsque l'on voit les différences de traitement entre la délinquance ordinaire accomplie par les classes populaires et la délinquance en cols blancs).

Par exemple, dans un livre sur l'antifascisme, Mark Bray réfléchit à la façon dont le mouvement antifasciste interroge la valeur du droit formel à la liberté d'expression. Les militants antifascistes sont connus pour interrompre ou empêcher des conférences, lectures, rassemblements d'auteurs ou de militants d'extrême droite. Ils sont alors parfois désignés comme des ennemis de la liberté d'expression, voire comme des groupes dont les pratiques ressembleraient à celles des fascistes auxquels ils prétendent s'opposer. La réponse de Mark Bray et des antifascistes à cette objection est complexe. Un point me paraît particulièrement important : le refus du formalisme. Oui, les militants antifascistes s'opposent au principe formel de la liberté d'expression. Ils articulent leur pratique politique à un principe substantiel : le bien-être et la sécurité des populations marginalisées. Comme Althusser avec la dictature du prolétariat, c'est en fonction de ce principe qu'ils décident de la forme de leur action dans les différents ordres : si l'on définit la justice comme protection des minorités, le slogan « No Plateform for Fascism », amène à vouloir interdire et éteindre les discours de haine et, parallèlement, à autoriser et garantir la circulation des discours progressistes.

Cette pratique n'apparaît contradictoire que si l'on reste prisonnier d'un point de vue formel : d'un point de vue substantiel, elle est cohérente[1].

## *La réalité du droit*

Sans doute pourrait-on objecter à ce type d'analyse que c'est briser la notion même de droit que de l'indexer à un raisonnement social et politique. Si l'on élabore un droit orienté, un droit local, un droit qui varie en fonction des catégories sociales et des objectifs stratégiques, un droit dispersé et singulier, social et juste, est-ce que l'on ne serait pas en train de détruire l'idée de droit et les valeurs de neutralité, d'universalité, d'impartialité qui sont normalement attachées au concept d'ordre juridique ? C'est l'un des arguments que développe Jürgen Habermas dans *Droit et morale* lorsqu'il affirme que le droit n'a de sens comme droit qu'à condition qu'il possède un certain caractère transcendant à ce qu'il appelle « la politique ». Si le droit est politique, s'il est seulement la traduction de la volonté des gouvernants, alors selon Habermas se pose la question de sa capacité à susciter autorité et reconnaissance chez les individus qui y sont assujettis. Le droit sacré tirait sa force du fait qu'il était indisponible au souverain et s'imposait à tous… Et il faudrait, pour que le droit reste du droit, qu'il conserve toujours un élément d'indisponibilité[2]. Si le droit n'est qu'un instrument, s'il est soumis à la politique, si sa valeur est purement substantielle, alors on détruirait et le concept de droit et le concept de

1. Mark Bray, *Antifa*, *op. cit.*, p. 144-154.
2. Jürgen Habermas, *Droit et morale*, *op. cit.*, p. 79.

politique car il ne serait « plus possible de comprendre la domination politique comme un pouvoir légitimé par le droit » : « Comment le droit politique, qui est soumis à des transformations arbitraires, peut-il avoir une autorité disposant d'une force d'obligation comparable à celle du droit sacré dont nul ne pouvait disposer[1] ? »

C'est ce que Habermas appelle, à la suite de Luhmann, les dangers de la dé-formalisation du droit[2]. Habermas s'alarme du fait que la modernité, notamment à travers le droit administratif, est marquée par une tendance à défaire le formalisme et la cohérence logique ou procédurale du droit, à soumettre les décisions juridiques à la prise en compte de critères extra-juridiques (sociaux, économiques, environnementaux) qui serait susceptible de lui faire perdre sa cohérence, son sens et sa « légitimité » – c'est-à-dire finalement son caractère de « droit ».

On pourrait dire que, en un sens, Habermas a raison : adopter une conception réaliste du droit et de l'État revient à mettre en crise les définitions traditionnelles du droit et la perception du régime juridique comme ordre fondé sur la rationalité formelle. C'est bien un autre concept de droit et un autre concept d'État qu'il faut forger.

## *Lucidité*

D'abord, il me semble important de dire que la façon dont Habermas pose la question est problématique en elle-même : il n'est pas nécessairement vrai que l'ordre

1. *Ibid.*, p. 73.
2. *Ibid.*, p. 64-78.

juridique fonctionne parce que les sujets en reconnaîtraient la légitimité. Seule l'adoption d'un pur biais subjectiviste et scolastique peut conduire à affirmer cela, j'y reviens dans le chapitre suivant.

Mais plus important : déformaliser le droit, passer d'une conception formelle à une conception substantielle de ses opérations, ce n'est peut-être pas accomplir, comme le croit Habermas, une rupture. C'est seulement passer d'une représentation mythologique à une représentation lucide. En effet, ce n'est pas parce que le droit dit qu'il est « abstrait » par rapport au monde social qu'il en est réellement abstrait et que son fonctionnement n'est pas objectivement inscrit dans le jeu social. Ce n'est pas parce que le droit se présente comme fondé sur des bases formelles et des catégories universelles qu'il l'est dans les faits.

Habermas considère que soumettre le raisonnement juridique à la politique revient à engendrer un processus de dé-formalisation du droit. Mais peut-être vaut-il mieux décrire cette démarche comme la fin d'un rapport hypocrite à ce qui est. Comme l'a amplement montré la critique marxiste, faire reposer le droit sur des catégories abstraites ne signifie pas qu'il n'agit pas, objectivement, en fonction de catégories concrètes, et que son rôle ne se définit pas en fonction des antagonismes sociaux. Dans *Sur la question juive*, Marx affirme même que construire un droit en refusant de prendre en compte les différences de la naissance, de l'état civil, de l'instruction, de l'emploi, et donc élaborer des catégories juridiques sur l'abstraction et la négation des catégories sociales, ce n'est pas abolir les « différences factuelles », c'est au contraire « faire en sorte que celles-ci existent et se reproduisent[1] ». Marx et Engels soulignent dans la *Critique du programme de Gotha* que construire un droit égal en conservant les inégalités réelles, ce n'est pas construire un droit égal mais un droit inégal, un droit de l'inégalité[2].

Édifier le droit en désignant comme non juridiques les situations et les catégories sociales, expulser de son élaboration les problématiques économiques, environnementales, raciales, etc., ce n'est pas du tout construire un droit « abstrait ». C'est instituer un droit très concret, très substantiel et qui agit, la plupart du temps, au service de la reproduction des différences factuelles. Le droit abstrait tel que nous le connaissons est inscrit dans l'ordre social et il y joue un rôle situé, particulier, mais il ne le fait pas explicitement.

Autrement dit, ce n'est pas parce que le droit est abstrait et formel dans son apparence qu'il l'est dans la réalité de ses opérations et qu'il ne participe pas à l'exercice de la domination politique. Michelle Alexander a démontré dans *La Couleur de la justice* que nombre de dispositions juridiques qui organisaient la ségrégation raciale dans le Sud des États-Unis jusqu'en 1964 étaient en fait neutres d'un point de vue racial dans leur énonciation (les tests et taxes pour voter, les discriminations contre les délinquants, etc.), mais que cela ne les a pas empêchées, concrètement, de servir à la constitution d'un régime racial ségrégatif[3].

1. Karl Marx, *La Question juive*, Paris, La Fabrique, 2006, p. 41.

2. Karl Marx et Friedrich Engels, *Critique du programme de Gotha*, Paris, Éditions sociales, 1972, p. 31.

3. Michelle Alexander, *La Couleur de la justice*, *op. cit.*

De toute façon, le droit agit et produit des effets dans la vie sociale. Si un raisonnement juridique est construit de manière formelle et si les décisions sont élaborées sans prendre en compte des éléments substantialistes, on crée un droit qui agira malgré tout d'une manière orientée dans le réel, qui sera substantialiste, mais sa portée pratique n'aura juste pas été consciemment assumée. La vision du droit que veut conserver Habermas est donc naïve : il ratifie les représentations fictives que le droit se donne de lui-même pour penser l'ordre juridique au lieu de partir de la réalité. Il croit que le droit est abstrait et formel parce qu'il se présente ainsi alors qu'il est, en réalité, concret et substantiel. Le droit ment sur la réalité de ses opérations et Habermas reproduit ces formes mensongères. Mon projet ne consiste donc pas à dire que nous devons déformaliser le droit – il n'est formel qu'en apparence. Il consiste à dire que nous devons le resubstantialiser autrement à partir d'une théorie et d'une pratique conscientes de la justice et de la vie.

# VI

# JUSQU'OÙ :
# LA QUESTION DE LA VIOLENCE

Inscrire la « politique » dans le jeu des antagonismes doit nous conduire à nous interroger non pas seulement sur les institutions et leur finalité, mais également sur les moyens de la politique et du gouvernement, c'est-à-dire sur la question de la contrainte. Certes, notre position comme sujet est très largement passive. Mais si nous voulons comprendre notre situation, nous devons aussi nous interroger sur nous-mêmes en tant que sujets qui parfois agissent ou qui, parfois, appellent à l'édification d'un certain nombre de lois.

À partir du moment où nous ne nous dessaisissons pas de toute responsabilité par rapport à la Loi et que nous ne laissons pas l'appareil d'État à nos adversaires, nous devons affronter la question de notre rapport à l'exercice de la violence. D'ailleurs, même si nous voulions tenter de maintenir une sorte de pureté en refusant par principe toute collaboration avec l'État, cela signifierait que nous laisserions les armes étatiques à d'autres, et que, donc, nous accepterions de laisser la violence d'État se perpétuer. Même si perpétuer de la violence ou laisser des actes violents être perpétués ne sont pas la même chose (encore que cette distinction doit elle aussi être nuancée), nous aurions malgré tout un rapport à la violence.

Sans doute n'y a-t-il rien de nouveau dans le fait de remarquer que la question politique coïncide avec la question de l'exercice de la force et de l'*enforcement*[1]. Dès la *Métaphysique des mœurs*, Kant fait remarquer qu'« à tout droit au sens strict est liée l'habilité à contraindre ». Et l'on pourrait avoir l'impression que la théorie politique a toujours lié la réflexion sur le droit à la réflexion sur la force[2].

Mais en fait, la philosophie politique entretient un rapport étrange avec la question de la violence. On peut même se demander si derrière son apparence rationnelle, abstraite, désincarnée, elle n'est pas l'expression de la hantise quasi psychologique qu'éprouvent les auteurs à affronter ce que veut dire être un sujet politique, et la traduction de leur volonté d'échapper à la possibilité d'avoir à exprimer publiquement le fait qu'ils pourraient être favorables à l'exercice de la violence. Il y a une forme d'angoisse à la racine de la théorisation traditionnelle de politique. La philosophie politique apparaît encore une fois comme un gigantesque système destiné non pas à éclairer notre condition, mais à nous la cacher et c'est donc à l'écart de celle-ci qu'il faut se tenir pour construire une théorie et une éthique de la contrainte.

---

1. Encore que, comme l'a fait remarquer très justement Daniel Loick, il existe des traditions de réflexion sur des formes de lois non violentes en sorte que la liaison entre Loi et violence renvoie peut-être plutôt à une contingence historique qu'à une nécessité logique. Daniel Loick prend notamment l'exemple du droit international. Daniel Loick, *A Critique of Sovereignty*, New York, Rowman and Littlefield, 2019.

2. Emmanuel Kant, *Métaphysique des mœurs*, *op. cit.*, p. 483.

# 1

# FAIRE FACE

## *Nier la violence d'État*

Pour esquiver la question de la violence et faire diversion par rapport à elle, la théorie politique lui substitue souvent la thématique de la légitimité. Les auteurs lient Loi et contrainte. Mais au lieu de réfléchir sur la violence, ils vont pratiquer une sorte d'*escapism* dans la légitimité afin de ne plus avoir à considérer les actions coercitives comme des problèmes. Il suffirait de définir les critères en vertu desquels les institutions sont valables démocratiquement puisque, une fois qu'elles le sont, les actions menées pour en garantir le respect le seraient aussi. La théorie transforme alors la question, physique, de l'exercice corporel de la violence en une interrogation, abstraite, sur les normes de validité d'un ordre juridique[1].

1. D'ailleurs, puisque les agents sociaux ne lisent pas de théorie politique, à quoi sert de dire que les institutions sont légitimes si ce n'est, en fait, à se donner bonne conscience, à justifier l'appareil répressif d'État, à dire, au fond : je montre que la Loi est légitime, je montre qu'il faudrait y obéir, alors tant pis si certains agissent autrement que ne le dit la Loi, il est normal de les punir et je n'ai plus à me poser la question de l'exercice de la violence d'État ?

Mais l'opération fondamentale qu'accomplit la théorie pour faire écran à une problématisation réaliste de la violence politique consiste à distinguer l'action de l'État des actions privées ou civiles pour affirmer que, au fond, lorsque l'État nous contraint, ce n'est pas violent.

La philosophie politique associe l'élaboration du droit à des processus présentés comme à la fois rationnels et collectifs et elle garantit alors à cette instance une sorte d'immunité face à l'appréhension de sa dimension violente. Si l'ordre du droit est fondé, alors il y aurait quelque chose comme une non-violence de principe de l'État. L'idée de l'État suppose que l'État n'est pas violent ; lorsqu'il agit en tant qu'État, lorsqu'il respecte les procédures et règlements qui le fondent ou qu'il édicte, cela ne saurait être de la violence. La violence ressortit au domaine du privé, de la société, de l'arbitraire – c'est-à-dire précisément la sphère par rapport à laquelle l'État se pose comme une sphère autonome. La violence – la vendetta, la vengeance, etc. – relève du pré-étatique, ou du sous-étatique. En sorte que tout auteur qui utilisera cette catégorie pour penser l'État se verra accuser d'être incapable de penser le politique dans sa spécificité. Cette opération de fétichisation et de promotion de l'État a trouvé son accomplissement dans la distinction que Hannah Arendt croit nécessaire de poser entre le « pouvoir » – ou l'« autorité » – et la « violence », le premier étant conçu comme une matérialisation de la volonté élaborée en commun à travers des opérations délibératives, quand la seconde renvoie à des mécanismes instrumentaux de domination, de sujétion et d'imposition[1].

Parce qu'elles seraient fondées en droit, sur une forme d'intersubjectivité, sur un pacte fondamental d'assentiment, sur des procédures rationnelles, les actions entreprises par l'État ne seraient pas violentes : elles relèveraient de la force légitime, du pouvoir, de l'autorité, et être favorable à leurs déploiements ne voudraient pas dire être violent : les actions d'État pourraient presque s'interpréter comme un acte à travers lequel le sujet, en tant que sujet de droit, se gouverne lui-même, se punit lui-même, s'inflige à lui-même de la répression – c'est d'ailleurs, explicitement la thèse de Kant sur la peine de mort : la peine de mort n'est pas un assassinat, puisqu'elle est un acte juridique dont le sujet qui en est l'objet veut l'application en tant que sujet de droit à la différence de l'assassinat, action privée et sans fondement que ne veut pas subir celui qui en est la victime. Le sujet politique est sujet rationnel, sujet contractant, sujet délibérant, il est co-législateur, en sorte que l'application de la Loi est un principe d'autogouvernement.

La tendance à ne pas coder comme « violent » ce qui est « légal » représente un présupposé extrêmement fort même chez des auteurs qui ne partagent pas cette représentation de la Loi. Dans un texte intitulé « La police souveraine », Agamben aborde par exemple la question de la proximité entre le « souverain » et la « police ». Il affirme que ces deux entités se ressemblent car elles occupent des positions telles qu'elles peuvent s'affranchir du droit. La police ne se

1. Hannah Arendt, *Du mensonge à la violence*, Paris, Pocket, 2002.

résume pas à une fonction administrative d'application de la Loi : elle peut toujours, en situation, l'interpréter, la remanier, la redéfinir[1]. Comme le souverain peut décréter l'état d'exception, la police peut s'émanciper de la Loi. Or pour caractériser cette situation, Agamben affirme que la propriété commune du souverain et de la police serait leur capacité à brouiller la frontière entre « violence » et « droit » : « Si le souverain, en effet, est celui qui, en proclamant l'état d'exception et en suspendant la validité de la Loi, marque le point de confusion entre violence et droit, la police évolue toujours pour ainsi dire, dans un tel "état d'exception". Les raisons d'"ordre public" et de "sécurité" dont elle doit décider pour chaque cas représentent une forme d'indistinction entre violence et droit, parfaitement symétrique à celle de la souveraineté[2]. » Mais comment peut-on ainsi opposer le droit et la violence ? En quoi une action policière conforme à la Loi serait-elle « non violente » ? D'où vient cette idée que la violence serait ce qui est extra-légal, ce qui suspend le droit ? Dans *Force de Loi*, Jacques Derrida ratifie lui aussi cette analytique lorsqu'il cherche à établir une distinction entre la force légitime, qui serait non violente, et la violence qui, elle, serait illégitime et qu'il accepte alors de parler de « force non violente ». « Quelle différence y a-t-il entre d'une part, la force qui peut être juste, en tout cas jugée légitime, et, d'autre part, la violence qu'on juge

1. Sur la police comme activité détentrice d'une capacité de création de droit, voir le chapitre « Qu'appelle-t-on violences policières ? » dans *Le Combat Adama*, *op. cit.*

2. Giorgio Agamben, « La police souveraine », dans *Moyens sans fins*, Paris, Éditions Payot et Rivages, 2002, p. 116.

toujours injuste ? Qu'est-ce qu'une force juste ou une force non violente[1] ? »

## *Angle*

Mais il suffit de poser les questions à partir d'une autre perspective pour mettre en question la validité de toute entreprise qui distingue « force » de l'État et « violence ». Une description ontologiquement valable de l'État conduit à refuser les distinctions entre force et violence, entre pouvoir et violence, entre violence illégitime et violence légitime, entre droit et violence, comme si la violence d'État était d'une autre nature que la violence privée ou comme si la violence se situait toujours dans la suspension du droit. D'abord parce que ce qui est étatique ou légal n'est rien d'autre que de la volonté étatisée ou légalisée en sorte que notre soumission à l'ordre étatique relève de logiques identiques à toutes les autres contraintes que nous subissons. Mais surtout, l'opposition entre force et violence, entre pouvoir légitime et violence, vole en éclats dès que l'on se situe du côté de celui qui va être l'objet de l'action répressive : pour lui en effet, être enlevé par la police ou par un gang ne contient strictement aucune différence ontologique : sans que je le veuille, sans que je l'accepte, sans que j'aie jamais consenti à être de ce monde et soumis à ces lois, des gens viennent, fracassent ma porte, et se donnent le pouvoir de m'imposer leur volonté.

Pour celui qui la subit, cette intervention ressemble à n'importe quelle agression : quelqu'un utilise la force

1. Jacques Derrida, *Force de loi*, *op. cit.*

pour me contraindre à exécuter sa volonté. Il n'y a aucune différence de nature entre un groupe mafieux, un père, un policier, un juge. Lorsqu'un acte d'État est accompli, une volonté *extérieure à moi* emploie la contrainte pour me mouvoir : penser que la Loi n'est pas violente revient à oublier que, pour celui qui la subit, une intervention étatique est une interaction comme une autre, c'est une relation entre deux volontés concurrentes qui se font face. C'est la raison pour laquelle j'ai avancé dans *Juger* qu'on ne peut comprendre ce que l'État fait qu'à condition d'affirmer une équivalence, ou, mieux, une identité entre les actions de l'État et les actions privées, ce qui implique d'utiliser les mêmes mots pour les nommer. Il faut accepter de dire de l'État non pas qu'il condamne à mort, mais qu'il assassine (ou, mieux encore, que celles et ceux qui occupent des positions dans l'État se servent des pouvoirs qui y sont disponibles pour assassiner d'autres individus) ; non pas qu'il arrête des individus, mais qu'il les enlève ; non pas qu'il les emprisonne, mais qu'il les séquestre ; non pas qu'il leur inflige des amendes, mais qu'il les dépouille, non pas qu'il les perquisitionne, mais qu'il les cambriole[1].

Foucault dit quelque part que les juges sont obsédés par la question de l'aveu, ne cessent de demander aux accusés qu'ils ont devant eux de reconnaître ce qui leur est reproché et de se désigner eux-mêmes comme coupables parce qu'ils veulent s'épargner d'avoir à accomplir l'acte de juger et d'avoir à assumer la violence que cela représente. La façon dont la théorie politique

1. Sur les mots qui cachent la réalité violente des actes d'État, voir Nils Christie, *Limits to Pain*, *op. cit.*

rationalise l'action contraignante de l'État comme si la Loi était voulue par celui qui ne la veut pas et la subit (pour de bonnes ou de mauvaises raisons) ressortit exactement à la même logique. Les théoriciens cherchent des instruments de légitimation du droit afin de ne pas avoir à assumer la dimension inextricablement violente de l'existence politique.

### *Étatisme*

La tendance à déviolentiser l'État n'est pas le propre de la philosophie politique et du droit. Là encore, élaborations théoriques et expériences spontanées se rejoignent. Nous sommes tous victimes d'une sorte d'étatisme symbolique qui nous conduit à ne pas appréhender la violence de l'État et à ne pas la ressentir dans toute son intensité. Cela apparaît très clairement par exemple dans les discussions que nous avons à propos de la justice pénale. On oppose souvent la résolution violente des conflits au respect des procédures et de l'État de droit. Mais cette opposition suppose d'oublier qu'arrêter et mettre en prison sont des processus violents. Si je dis que si quelqu'un m'agresse je voudrais le séquestrer dans ma cave pendant dix ans, je serai immédiatement perçu comme un barbare. Mais si je vote des lois qui donnent du pouvoir à un juge pour mettre cet agresseur en prison pendant dix ans, on dira que je suis favorable à l'État de droit.

Nous passons notre temps à fonder nos débats sur une perception biaisée de ce que fait l'État. Pour qu'une discussion sereine soit possible, il faudrait sans doute rebarbariser l'État, c'est-à-dire reconnaître que ce que fait l'État est par principe violent pour celui qui le subit. Cela ne veut pas dire que nous serons nécessairement contre cette action ni qu'elle ne pourrait pas être moins violente que des actions entreprises par des acteurs privés, mais que la discussion doit être fondée sur cette appréhension réaliste pour avoir du sens[1].

---

1. C'est pour la même raison que, dans *Le Combat Adama*, j'ai critiqué les catégories de « violences policières » ou de « brutalités policières ». Lorsque nous appelons « violences policières » les actions de la police qui nous semblent particulièrement brutales, ou se situent en dehors de la Loi, nous oublions que la police est par essence une institution violente. Autrement dit, soit il n'y a pas de « violence policière » car police égale violence, soit il n'y a que des violences policières. La catégorie de violences policières, qui suppose de découper un certain nombre de pratiques de la police comme étant violentes, comme si d'autres ne l'étaient pas, se fonde sur la perception fausse selon laquelle ce qui est légal ou perçu comme normal n'est pas violent. « Qu'appelle-t-on violences policières ? », dans Geoffroy de Lagasnerie et Assa Traoré, *Le Combat Adama*, *op. cit.*, p. 131-136.

## 2

## LA POLITIQUE SANS LÉGITIMITÉ

Agir politiquement, c'est exercer de la violence contre d'autres individus avec qui nous cohabitons malgré nous et malgré eux et qui sont fondés à ne pas reconnaître la légitimité de nos volontés. Si nous ne nous retirons pas complètement du jeu politique, il faut alors accepter que nous sommes susceptibles de vouloir exercer de la violence sur des individus ou des groupes qui ne sont pas d'accord avec nous – ne serait-ce que parce que nous allons les condamner à vivre dans un monde qu'ils ne veulent pas.

### *La violence légitime : une catégorie autodestructrice*

Assumer cette part clivante du droit implique de prendre une distance avec la définition wébérienne de l'État et la notion de « violence légitime » qui constituent en un sens les derniers obstacles à l'édification d'un rapport honnête à la politique.

Weber définit l'État comme un groupement dont la spécificité par rapport aux autres groupements qui se constituent dans la société serait qu'il parvient à imposer le monopole de la violence physique légitime sur un territoire donné[1]. Cette définition est devenue aujourd'hui l'une des plus classiques et l'association de l'État à l'idée de « violence légitime » représente un lieu commun de la réflexion sur la politique.

Pourtant, l'idée de violence légitime est autodestructrice : elle relève d'une impossibilité logique. On pourrait dire les choses ainsi. Il n'y a que deux possibilités : si les individus reconnaissent l'ordre politique comme légitime, s'ils acceptent la rationalité ou la validité du droit et des institutions, alors ils agiront comme celui-ci le veut. John Rawls souligne lui-même qu'il n'intègre pas une réflexion sur la pénalité dans sa *Théorie de la justice* parce que dans un monde où les individus adhèrent aux institutions auxquelles ils participent, ils ne commettent pas de délits ni de crimes[2]. S'il y a légitimité des institutions, il y a reconnaissance de la Loi et alors, il n'y a pas délinquance et donc pas de violence d'État. S'il y a légitimité, il n'y a pas violence.

Mais à l'inverse, lorsqu'il y a violence, il n'y a par définition plus légitimité. La violence d'État s'applique à un individu lorsque celui-ci a déployé un acte contraire à l'ordre juridique, c'est-à-dire à des volontés étrangères à lui et qui ont pris la forme de Loi. En produisant un acte qui l'expose à la réponse violente de ce groupement que Weber appelle l'État, l'individu a produit une sorte de déclaration d'indépendance par rapport à l'espace de la légitimité.

1. Max Weber, « La profession et la vocation de politique », dans *Le Savant et le Politique*, Paris, La Découverte, 2003, p. 118.

2. Bertrand Guillarme, *Penser la peine*, Paris, Presses universitaires de France, 2003. John Rawls, *Théorie de la Justice, op. cit.*, p. 276-277.

S'il y a reconnaissance des cadres formels de production de la Loi, acceptation des procédures, alors le sujet est doté d'une volonté conforme à celle de l'ordre juridique et il n'y a pas de violence. Mais si le sujet maintient son extériorité à cet ordre, alors il y a violence, confrontation, mais il n'y a pas, à ses yeux, légitimité.

### *L'idée de légitimité*

Au fond, on peut se demander si ce n'est pas le concept même de légitimité, c'est-à-dire l'idée selon laquelle la domination politique s'exerce avec la reconnaissance de celle et ceux qui y sont soumis, qui doit être interrogée.

La notion de légitimité remplit un rôle essentiel dans le dispositif de la philosophie politique. L'intention fondamentale de cette discursivité de distinguer rapports politiques et rapports sociaux se caractérise aussi par le fait de poser que les rapports politiques ne sont pas des rapports de domination comme les autres mais perdurent parce qu'ils rencontrent l'assentiment de celles et ceux qui y sont soumis. C'est un argument sans cesse repris, postulé comme une évidence. Un sujet politique ne cède pas à la force : il obéit à un ordre dont il reconnaît la légitimité.

Dans son texte sur « Les trois types purs de la domination légitime », Max Weber affirme qu'il est nécessaire de recourir au concept de légitimité parce que l'explication du respect de la Loi par la coutume (l'incorporation des structures sociales et l'inertie des habitus) et le jeu des avantages et des inconvénients (l'anticipation de la répression) lui paraît insuffisante[1]. Un ordre politique serait « instable » s'il n'était considéré comme légitime par ceux qui y sont soumis. Tout ordre de domination serait lié à un système de légitimation et Weber va placer au centre de la question politique la question des modes de légitimation de l'autorité qui expliqueraient que les sujets agissent comme le demande celui qui l'ordonne[2].

Dans un texte sur la règle de la majorité, Hans Kelsen produit une affirmation semblable quoiqu'à partir d'un point de vue différent : la théorie politique doit prendre la forme d'une théorie de la légitimité parce que liberté naturelle et ordre juridique seraient incompatibles. Si nous définissons la liberté naturelle comme autonomie et affirmation de sa propre volonté, comme obéissance à ses inclinations personnelles, alors cette conception de la liberté semble rendre impossible la construction d'un ordre juridique, qui est par principe susceptible de devoir soumettre le sujet à une volonté qu'il ne veut pas. Si tout le monde fait ce qu'il veut, il n'y a plus d'ordre juridique. La théorie politique devrait placer au centre de ses réflexions les conditions qui assurent la légitimité de l'ordre juridique auprès de celles et ceux qui lui sont assujettis[3].

Cette idée selon laquelle l'ordre politique « tient » parce que les sujets y consentent est très largement ancrée. Au fond, c'est celle qui structure aussi la thèse

1. Max Weber, « Les trois types purs de la domination légitime (traduction d'Élisabeth Kauffmann) », *Sociologie*, vol. 5, n° 3, 2014, p. 291-302.

2. *Ibid.*

3. Hans Kelsen et Philippe Urfalino, « Les fondations de la démocratie. Extraits sur la règle de majorité », art. cité.

d'Agamben lorsqu'il affirme qu'il faut mettre en place des processus de *destitution* de l'ordre juridico-politique comme si cet ordre se maintenait parce que les sujets y collaboraient, en sorte qu'il suffirait qu'ils le fuient subjectivement, qu'ils le déposent, pour qu'il s'écroule.

Mais on pourrait dire qu'il n'y a rien à destituer car rien n'est constitué. Tout est déjà destitué, sans sens et sans consistance. La politique, la Loi, l'État ne fonctionnent pas sur le mode de la constitution et de la légitimation fondamentales.

Toute théorie qui affirme l'existence d'une légitimité des institutions se trouve d'abord en difficulté devant la simple existence de la délinquance, ne peut ni l'expliquer ni la comprendre, puisque celle-ci manifeste justement une illégitimité des normes juridiques pour au moins ces individus-là (si les lois sont reconnues comme légitimes, les individus leur obéissent). Ou alors il faut inventer comme Kant une théorie des « deux mois », qui permet de faire comme si chacun d'entre nous était traversé par un conflit entre un moi rationnel qui veut la Loi et un moi passionnel et affectif qui parfois veut le crime[1].

En fait, c'est le présupposé même de toute pensée de la légitimité et de la reconnaissance qu'il faut défaire. Qu'un ordre politique suppose un mode de légitimation est souvent justifié depuis La Boétie dans son texte sur la servitude volontaire par un argument purement quantitatif, à savoir que le nombre des dominés étant supérieur au nombre des dominants, la force est du côté des assujettis, en sorte que le respect de l'ordre ne peut venir que

1. Emmanuel Kant, *Métaphysique des mœurs*, *op. cit.*, p. 605-606.

d'un acte d'automutilation des dominés, qui acceptent les ordres qui émanent du souverain.

Or ce raisonnement quantitativiste repose sur une vision intellectualiste qui inscrit dans la tête des individus qui vivent à l'état atomistique des raisonnements qui ne sont valables qu'à la suite d'un travail de rassemblement et lors d'une mobilisation. Il est évident que les moments révolutionnaires et de prise de pouvoir sont des moments où la constitution d'un groupe en fusion, pour reprendre les catégories de Sartre, permet que bascule un rapport de force et que les gouvernés prennent ou du moins disputent le pouvoir à ceux qui l'exercent. Mais ce n'est pas du tout de cette manière que se déroule, concrètement, tous les jours, quotidiennement, notre expérience de sujet politique et notre rapport à la Loi. Lorsque j'agis, la plupart du temps, je suis seul – ou nous sommes quelques-uns. La confrontation du sujet avec la Loi, que ce soit parce qu'il est en position de faire une action illégale ou parce qu'il voudrait défaire l'ordre du monde que la Loi institue, est un moment où le sujet est en position de faiblesse : il est seul devant un scooter à voler, un abattoir qui tue, une feuille d'impôt à payer, un policier violent… Et dans ce cadre-là, le rapport de force objectif, indéniable, massif, est à l'avantage de l'État et de l'appareil répressif d'État.

Hans Kelsen affirme que l'idée de légitimité lui apparaît incontournable parce qu'il lui semble évident que, pour qu'une société stable soit possible, les sujets doivent entretenir avec l'ordre juridique un rapport de reconnaissance qui les conduit à agir comme le veut la Loi. Mais peut-être peut-on poser la question ainsi, et, de cette manière, montrer le caractère fictif du raisonnement ici proposé : si nous

nous posons à nous-mêmes objectivement la question, qui peut honnêtement prétendre qu'il a renoncé à une action illégale parce qu'il reconnaissait la légitimité de la règle de la majorité ou la validité rationnelle de ce qui se présente comme un État de droit ? Personne ne peut s'avancer, se présenter et dire honnêtement : je voulais accomplir une action différente de la Loi, mais j'y ai renoncé parce que je reconnais la légitimité du système légal rationnel ou la légitimité du principe de majorité. Seul un philosophe politique peut croire cela (et encore).

Le conformisme social et politique n'est pas la preuve d'une reconnaissance et d'une adhésion à la légitimité des institutions. Il n'est pas l'effet d'un raisonnement politique. Il peut bien sûr être le résultat du fait que nous sommes en accord avec la Loi pour des raisons éthiques ou d'intérêt et que par conséquent nous voulons ce que veut la Loi. Il peut aussi être le résultat et la traduction de l'inertie des habitus. Il peut enfin, en cas de désaccord avec la Loi, résulter de notre position de faiblesse dans le rapport de force avec l'appareil pénal. Le conflit que croit voir Kelsen entre liberté naturelle et ordre politique se dissout si l'on adopte une conception répressive de l'autorité politique : l'ordre juridique se maintient en raison de l'existence de la police, de la prison, de l'appareil répressif d'État et des contraintes psychiques qu'ils exercent. Ce qu'on appelle « obéissance » constitue souvent simplement un acte de renoncement en raison de la potentialité de la répression. On ne saurait y voir un acte d'adhésion. C'est l'acte cynique d'un sujet qui, étant donné les coordonnées qui organisent le monde qu'il a devant lui, se conforme. Il est beaucoup plus pertinent de penser le processus par lequel une volonté en vient à s'aligner sur les volontés étatisées comme une conséquence de la peur de la répression plutôt que comme la manifestation d'un acte de reconnaissance. Sinon, d'ailleurs, pour « régler » le problème de la criminalité, les États investiraient plus dans la réforme des institutions (afin qu'elles apparaissent comme légitimes) que dans la police et la prison. Au fond, le concept de légitimité est une reformulation de l'idée de contrat social : il place un consentement au principe d'un ordre politique qui repose sur la contrainte, l'arbitraire et la coprésence forcée[1].

### *Autojustification*

Cette réflexion ne serait néanmoins pas complète si l'on ne soulignait que, dans *La Domination*, Weber donne une signification différente au concept de légitimité. Il affirme que celles et ceux qui occupent des positions privilégiées dans l'ordre social, même quand ce privilège est purement fortuit, éprouvent le besoin irrépressible « de regarder le contraste qui joue en leur faveur comme légitime[2] ». Ils ne veulent pas éprouver leur situation comme arbitraire. Ils veulent penser qu'elle est méritée. Dès lors, tout groupe fortement privilégié est conduit à inventer une « légende » afin de se convaincre lui-même de l'existence d'un fondement à sa supériorité. Les

1. C'est pourquoi l'argument selon lequel il pourrait y avoir une dimension subversive dans le choix de s'abstenir lors des élections parce qu'une abstention massive pourrait produire une crise de la légitimité du système repose sur une représentation fantaisiste, comme si l'ordre politique se maintenait parce que les sujets y consentent.

2. Max Weber, *La Domination*, traduction d'Isabelle Kalinowski, Paris, La Découverte, 2013, p. 59.

idéologies légitimatrices seraient avant tout des exercices d'autojustification, des idéologies que se donnent les dominants à eux-mêmes pour se justifier à eux-mêmes de faire ce qu'ils font. Weber mentionne toujours dans ce texte l'idée selon laquelle l'ordre social est stable quand les couches non privilégiées en viendraient petit à petit à accepter cette légende. Mais ce qui est original ici est de définir la légitimité comme la manière dont les dominants se parlent à eux-mêmes et se donnent à eux-mêmes des raisons de dominer et d'exercer de la violence – un peu comme quand les gouvernements rédigent des avis juridiques pour se donner le droit de procéder à des exécutions extra-juridiques – et non comme les modalités à travers lesquelles les dominés raisonneraient pour se conduire de façon obéissante.

3

## LA NON-PERTINENCE DE LA NON-VIOLENCE

Si nous admettons que le droit et l'État s'inscrivent dans le jeu des antagonismes sociaux, si nous sommes favorables à un certain nombre de régulations, des individus et des groupes ne seront pas d'accord. Et nous devons accepter que nous allons exercer de la violence sur eux – ne serait-ce que parce que nous allons les condamner à vivre dans un monde qu'ils ne veulent pas. Et contrairement à ce que la philosophie politique tente de prétendre à travers les notions de corps politique, de volonté générale, de légitimité ou ses opérations rhétoriques de déviolentisation de l'État, nous ne pouvons attendre de voir dans leurs yeux un assentiment pour l'ordre que nous voulons. La question politique n'est pas la question rousseau-kanto-habermassienne de savoir sur quelles bases autrui et moi pouvons nous mettre d'accord malgré nos désaccords, mais quel type d'ordre politique je veux et quels moyens je suis prêt à utiliser pour l'imposer…

Faire face à notre condition politique impose de modifier notre manière de faire fonctionner le concept de violence. Le terme « violence » est toujours utilisé, dans l'espace culturel et politique, comme un terme négatif. Un dispositif rhétorique est très largement présent dans le champ de la critique sociale qui consiste à tenir pour synonymes « ce qui ne va pas » et « ce qui est violent ». Il suffit de dire de quelque chose qu'il est violent pour que le propos que l'on tient soit vu comme critique à son sujet. Ce mode de formulation signifie que nous nous posons comme locuteurs en nous situant du côté de la non-violence. Nous nous accordons le privilège de pouvoir renvoyer la violence aux autres, avec tous les profits symboliques qui en découlent.

Mais cette position n'est ni honnête ni sincère. Et tout théoricien qui valorise trop la non-violence se fait plaisir et évite d'affronter directement les problèmes concrets. À partir du moment où nous prenons conscience que les rapports politiques sont des rapports sociaux et donc des rapports de force, et où, dans le même temps, nous ne nous dessaisissons pas de toute responsabilité par rapport à la Loi, alors nous ne pouvons pas échapper au fait d'être, éventuellement, favorable à l'exercice de la violence sur autrui, malgré lui, alors qu'il n'a rien demandé, juste parce que nous cohabitons dans un État. Toute pensée politique lucide fait face à ce problème éthique.

Autrement dit, il ne suffit jamais de dire de quelque chose qu'il est « violent » pour le disqualifier. Car cela conduit à ne pas assumer le fait que nous pouvons, nous aussi, être du côté de la violence. La violence n'est pas une catégorie dotée de pertinence. Il faut toujours spécifier de quel type de violence on parle, dans quel but elle est exercée, en quel nom, avec quelles conséquences…

Toute position qui se définit comme « non violente » est fondamentalement traversée par une forme d'insincérité. Cela ne veut pas dire que les auteurs qui aspirent à l'édification d'une société non violente ne sont pas honnêtes. Tout le monde voudrait l'abolition de la violence.

Mais une position qui se présente comme non violente, ou qui critique la violence des institutions à partir de l'utopie d'une société débarrassée de ses conflits, est problématique.

Peut-être faudrait-il ici employer la notion sartrienne d'inauthenticité. Car la position « non violente » ne peut être tenue qu'à condition que des problèmes entiers soient comme refoulés par ceux qui la défendent. Lorsque, par exemple, des chercheurs ou des militants s'affirment « non violents » et soutiennent le recours à des moyens d'action et de protestations présentés comme pacifiques, on pourrait faire valoir que, en fait, ils ne sont pas « non violents ». Ils acceptent seulement de laisser le monopole de la violence à l'État, ils acceptent que la police les déloge ou les frappe sans réagir, les expulse d'un bâtiment, peut-être même les emprisonne… Autrement dit, ce qui s'appelle non-violence se ramène souvent à l'acceptation sacrificielle de l'exposition de soi à la violence d'État et la conservation de la violence de l'État. D'un point de vue global, holiste, être non violent, c'est accepter de conserver les cadres d'exercice de la violence tels qu'ils existent et tels qu'ils ont été historiquement constitués. Quelqu'un qui se dit non violent devrait en fait dire : je suis favorable au monopole étatique de la violence et au sacrifice de soi.

Il est bien sûr légitime d'affirmer qu'il n'est pas identique de subir la violence et de l'exercer. Mais même à ce niveau-là, les choses ne sont pas si simples. D'abord parce qu'il est toujours difficile de savoir où commence et ou finit la violence. En Allemagne, des cours fédérales ont soutenu que faire un sit-in dans la rue pouvait être caractérisé comme un moyen d'action violent étant donné son effet de contrainte sur les conducteurs[1]. Nous pouvons nous amuser d'une telle perception, mais nous pouvons aussi prendre au sérieux l'idée selon laquelle toute forme d'action et donc aussi celles que nous définissons comme non violentes (la grève, l'occupation, la manifestation) sont solidaires de l'exercice de la contrainte sur celles et ceux dont la vie est dérangée par elles. D'ailleurs, nos défilés, marches, rassemblements sont très souvent protégés par la police, ce qui montre que le déploiement d'actions dites non violentes a aussi pour condition l'exercice potentiel de la violence d'État contre celles et ceux qui seraient tentés de les troubler.

Il y a une autre dimension. Dire que l'on est « non violent » mais, en même temps, se mobiliser pour un changement législatif ou de régime politique, c'est nécessairement savoir que d'autres individus ne sont pas d'accord avec l'ordre juridique ou politique que nous voulons voir advenir – sinon, nous n'aurions pas besoin de nous mobiliser… Autrement dit, si nous nous définissons comme non violents mais que nous appelons à la transformation d'un certain nombre de lois, à l'édification d'un autre ordre juridique, nous soutenons des modifications qui supposent le recours à des moyens coercitifs pour s'imposer concrètement et qui imposeront à certains de vivre sous un ordre légal qu'ils ne veulent pas.

---

1. Robin Celikates, « Rethinking civil disobedience as a practice of contestation – Beyond the liberal paradigm », *Constellations*, mars 2016, p. 37-45. Voir aussi N. P. Adams, « Uncivil disobedience : political commitment and violence », *Res Publica*, vol. 24, n° 4, 2018, p. 475-491.

La situation des universitaires, des intellectuels qui se posent publiquement comme hostiles à la violence et notamment à la violence d'État mérite elle aussi d'être examinée. Le simple fait de pouvoir prononcer un discours qui se décrit comme non violent, dans une université, suppose en effet, parce que l'on est payé par l'État, un système de prélèvement d'impôts, qui repose sur la coercition, la persécution des fraudeurs fiscaux, et donc la violence d'État. Même aujourd'hui, l'utopie non violente est en un sens rendue possible par la violence d'État, sponsorisée par elle, et ce qu'elle donne aussi comme possibilité pour créer des espaces de recherche, de publication et de création.

La question de l'impôt est cruciale pour toute théorie politique. Walter Benjamin souligne dans *Critique de la violence* qu'un ordre juridique est violent non pas seulement quand il recourt effectivement à des moyens violents, mais aussi quand l'obéissance procède de la menace de la sanction[1]. Tant que l'on reste pris dans le système de la menace, on reste dans le système de la violence.

On réduit souvent la critique de la violence d'État à la critique de la police, de la prison, ou du système pénal. La mise en question de l'appareil répressif d'État s'appuie alors fréquemment sur un appel à la mise en place d'actions de transformation des structures sociales : pour lutter contre le crime, il faudrait mieux envisager des politiques de justice sociale que des politiques de punition et d'incarcération. Opposer l'État pénal et l'État

1. Walter Benjamin, *Critique de la violence*, dans *Œuvres*, t. 1, Paris, Gallimard, 2000.

social, les actions qui conservent les structures inégalitaires du monde et se contentent de punir les comportements qui en découlent d'un côté et, de l'autre, les programmes qui visent à plus d'égalité et à une amélioration des conditions de vie représente une polarité classique dans l'espace de la critique de la violence d'État[1]. Mais même cette polarité est problématique ; car si nous voulons plus de justice sociale, plus d'écoles, plus de médecins, plus de professeurs, cela signifie aussi que nous voulons plus d'impôts : or prélever des impôts, c'est utiliser de la coercition sur ceux qui les paient et peut-être ne voudraient pas les payer. Appeler à plus de financement public de l'école, de l'hôpital ou de l'université, c'est appeler à l'exercice de la violence d'État, c'est être favorable à la violence d'État.

Lorsque l'on reprend l'opposition de Pierre Bourdieu entre la main gauche de l'État et la main droite de l'État, entre les actions de l'État tournées vers la redistribution, l'éducation, la justice sociale et celles tournées vers la restriction budgétaire, la police, la répression, il ne faut jamais oublier que les mesures mises en œuvre par la main gauche supposent nécessairement l'intervention de la main droite ou la menace de celle-ci.

1. Voir Andrea Beckmann, J. M. Moore et Azrini Wahidin (dir.), *Penal Abolition*, Londres, EG Press, 2016.

# 4

# MOYENS

Comme je l'ai dit depuis le début, mon projet ici est de décrire la réalité de notre expérience et de construire un nouveau langage. Même s'il est vrai que la théorie ne saurait se limiter à une entreprise de désarticulation du monde et qu'elle doit aussi prendre part à sa réarticulation, cet ouvrage se limite à chercher à énoncer de quelles manières les problèmes politiques se posent lorsqu'on les affronte directement.

Et nous comprenons au final qu'une théorie réaliste de notre situation finit par un renversement des perspectives. Toute réflexion sur la politique doit commencer non pas par une interrogation sur les fins et les finalités des institutions, mais sur les moyens. La question politique fondamentale est la question *jusqu'où ?* : jusqu'où suis-je prêt à exercer de la violence contre un autre et à lui imposer ma volonté ? Jusqu'où sommes-nous prêts à aller sachant qu'aucune procédure ne pourra éradiquer l'extériorité du sujet à la Loi qui la subit, le non-consentement et la violence de cette soumission ?

Walter Benjamin suggérait déjà que la réflexion sur la politique devait élaborer des critères pour parvenir à questionner les moyens indépendamment de toute considération portant sur les fins : interroger la forme prison, l'appareil répressif d'État ou les actions de la police en tant que telles, voire plaider pour leur abolition, en affirmant tout simplement l'existence d'une incompatibilité entre les modes de coercition qu'ils imposent et une éthique humaine. On pourrait alors imaginer, comme le propose Daniel Loick, renoncer à l'accomplissement de certaines fins que nous estimons justes parce que les moyens auxquels il faudrait recourir seraient inacceptables[1]. La conscience politique conduit à placer la question de la police, du système pénal et de la contrainte au centre de toute analyse de la pratique. Et toute théorie qui se présente comme « théorie politique » mais d'où est absente une réflexion sur la police, l'armée, la prison, l'arrestation, n'est pas une théorie politique mais une sorte de dissertation stérile.

Il est possible que ces problèmes soient insolubles et qu'ils nous entraînent dans des jeux d'esprit dont les philosophes spécialisés dans l'éthique sont amateurs. Mais peut-être une première étape pour aborder ces questions rationnellement et honnêtement consiste-t-elle à en modifier la formulation. Il y aura toujours un certain non-sens à élaborer les analyses politiques en termes généraux et abstraits, à aborder ces problèmes comme s'il se posait à un « nous », à un « je universel » ou à un « sujet-qui-veut-ce-que-tout-sujet-doit-rationnellement-vouloir » : ce mode d'énonciation présuppose la généralité là où il faut penser le clivage, la situation où j'impose quelque chose à un autre qui ne le veut pas.

1. Voir sur ce point Daniel Loick, « Law without violence », dans Christoph Menke (dir.), *Law and Violence*, Manchester, Manchester University Press, 2018, p. 99.

Le raisonnement abstrait de la théorie juridique et philosophique permet d'échapper à un face-à-face avec les problèmes. Nous devons nous poser les questions concrètement. Je ne dois pas dire : « quel droit pourrions-nous fonder ? », mais quel droit veux-je, et comment accepté-je de l'imposer ? Nous ne devons pas opposer violence et non-violence mais nous devons plutôt nous demander quel type de violence nous sommes personnellement prêts à exercer, contre qui et pourquoi. À quelles conditions suis-je d'accord pour utiliser l'appareil répressif d'État afin d'imposer ma volonté à quelqu'un qui n'en veut pas et à qui on n'aura jamais demandé son assentiment à y être soumis ? Au raisonnement abstrait de la réflexion juridique, il faut substituer un questionnement situé qui nous met face à nos désirs et nos limites. Quand suis-je à l'aise avec l'exercice d'une violence – avec le fait de maintenir quelqu'un en prison (c'est-à-dire de le séquestrer), de le forcer à travailler pour lui prélever des impôts (c'est-à-dire en un sens de le voler), etc. ? Sur quelles bases puis-je moi, en tant que sujet, appuyer une action coercitive ?

Le sujet qui accède à la conscience politique se trouve dans la situation impossible où il doit répondre à ces problèmes en s'interdisant d'invoquer tout raisonnement qui ferait comme si l'être qui subira la Loi voudra cette soumission.

La politique, c'est un monologue. Et peut-être l'anarchisme n'est-il pas un courant de pensée parmi d'autres mais ce qui hante toute réflexion politique, ce à quoi toute conscience lucide aspire mais dont elle sait l'impossibilité.

# Table des matières

## IV.

## LA SCÈNE POLITIQUE



## V.

## LA QUESTION DE LA DÉMOCRATIE ET DU DROIT



## VI.

## JUSQU'OÙ : LA QUESTION DE LA VIOLENCE

PAPIER À BASE DE
FIBRES CERTIFIÉES

**Fayard** s'engage pour
l'environnement en réduisant
l'empreinte carbone de ses livres.
Rendez-vous sur
www.fayard-durable.fr
L'empreinte carbone en éq. $CO_2$
de cet exemplaire est de Non Calculé

Dépôt légal : septembre 2021

Achevé d'imprimer en France en septembre 2022
par Dupliprint à Domont (95)
N° d'impression : 2022094389 - N° d'édition : 6989332/02